SOCIAL SKILLS
FOR KIDS

敢主动社交
的孩子

(美) 凯莉·K.鲍瑞斯 —— 著

王璇 王星辰 —— 译

北京联合出版公司
Beijing United Publishing Co.,Ltd.

图书在版编目（CIP）数据

敢主动社交的孩子 /（美）凯莉·K.鲍瑞斯著；王璇，王星辰译. — 北京：北京联合出版公司，2022.7
ISBN 978-7-5596-6153-1

Ⅰ. ①敢… Ⅱ. ①凯… ②王… ③王… Ⅲ. ①社会交往—儿童教育 Ⅳ. ①G611

中国版本图书馆CIP数据核字（2022）第085927号

北京市版权局著作权合同登记　图字：01-2022-2014号

SOCIAL SKILLS FOR KIDS: From Making Friends and Problem-Solving to Self-Control and Communication, 150+ Activities to Help Your Child Develop Essential Social Skills by Keri K. Powers
Simplified Chinese translation copyright © (2022) by Beijing United Creadion Culture Media Co., LTD
Published by arrangement with Adams Media, an Imprint of Simon & Schuster, Inc.
through Bardon-Chinese Media Agency
ALL RIGHTS RESERVED

敢主动社交的孩子

作　　者：（美）凯莉·K.鲍瑞斯　　　　译　　者：王　璇　王星辰
出 品 人：赵红仕　　　　　　　　　　　　出版监制：辛海峰　陈　江
产品经理：贾　楠　周乔蒙　　　　　　　　责任编辑：夏应鹏
封面设计：⑥青空・阿鬼QQ:476454071　　特约编辑：陈　曦
版权支持：张　婧　　　　　　　　　　　　版式设计：任尚洁

北京联合出版公司出版
（北京市西城区德外大街83号楼9层　100088）
北京联合天畅文化传播公司发行
天津雅泽印刷有限公司印刷　新华书店经销
字数 156千字　710毫米×1000毫米　1/16　19.5印张
2022年7月第1版　2022年7月第1次印刷
ISBN 978-7-5596-6153-1
定价：65.00元

版权所有，侵权必究
未经许可，不得以任何方式复制或抄袭本书部分或全部内容
如发现图书质量问题，可联系调换。质量投诉电话：010-88843286/64258472-800

Introduction

简介

无论在学校还是在家中,年幼的孩子们置身于各种各样的社交场合,例如参加每周的游戏小组、应邀与朋友单独聚会、与不同年龄的人们交谈,或者进行视频通话,等等。但是,孩子们往往并不具备充足的经验和知识去理解和面对以上社交场合。在此情况下,让孩子们学习一些关键的社交技能是十分必要的,比如学会眼神沟通、保持合适的音量、感知和尊重他人的感受、仔细倾听、表现出自我控制能力等。这些技能可以帮助孩子们做好准备,在社交场合中感到兴奋和有趣,而不是恐惧和压力。

在孩子幼龄阶段(大约1~8岁)开展社交技能训练的益处颇多。诸多研究表明,掌握良好的社交技能可以帮助孩子减轻压力,学会与同龄人一起玩耍和工作,取得更加优异的学习成绩,并且与周围的人建立更深厚的关系。

如同您在家里教孩子数数、背字母表和认颜色一样,您也可以通过一系列有趣的游戏帮助孩子掌握社交技能,这并非难事。《敢主动社交的孩子》一书收录了一百五十多个专门设计的活动,致力于让孩子们掌握童年以及未来必需的社交技能,例如:

- ★ 沟通
- ★ 合作
- ★ 共情
- ★ 自我控制
- ★ 解决问题
- ★ 积极倾听
- ★ 责任
- ★ 参与(加入、参与团队)
- ★ 情绪调节
- ★ 尊重

每份活动说明包括一份材料清单,其中大部分可能是您家中已有的材料。您还可以看到一张表格,上面列有活动说明、参加人数、活动地点(室内、室外或者线上),以及孩子们通过该活动得到训练的技能列表。按照逐步说明开始和完成活动,您将会快速体验到其中的乐趣!为了充分利用这些活动,请您深入思考列表下方的反思性问题,来让孩子们思考他们的游戏体验,帮助他们将这些技能应用于其他生活场景。

这些活动耗时较短,可以和家人在家里完成,和朋友在聚会上或者家附近一起玩,甚至可以和家人、朋友通过视频聊天远程完成。孩子们通过富有想象力的游戏、亲身体验、观察和模仿他人、人际互动等方式,在活动中受到教育。鉴于每个孩子都是独特的,本书包括了多种多样的社交技能训练目标,便于您选择最适合孩子个性、年龄以及目前状况的技能。

将本书介绍的社交技能付诸实践吧!这些技能有助于提高孩子的情商,帮助他们在家、体育场、集体、学校和其他场合感到快乐和充满自信!让我们开始吧!

目录

第一部分 准备工作 ...1

第一章
社交技能101 ...2

什么是社交技能？ ...2
什么时候发展社交技能？ ...4
怎样为技能发展提供温和的指导？ ...11
良好社交技能的益处 ...2
儿童怎样发展社交技能？ ...7
指导儿童的普适性建议 ...14

第二部分 活动 ...17

第二章
我们聊天吧！沟通技能 ...18

什么是沟通？ ...18
用儿童理解的语言解释沟通的含义 ...19
儿童使用沟通技能的时机和地点 ...19
☆ 讨论书籍 ...20
☆ 幼儿语言 ...24
☆ 我感觉，我需要 ...26
☆ 秘密物品 ...30
☆ 你喜欢……？ ...34
☆ 哑谜游戏 ...38
☆ 聊天表情 ...42
☆ 安静排队 ...46
☆ 听口令折纸 ...49

沟通看起来和听起来是什么样的？ ...18
沟通技能为什么重要？ ...19
本章预览 ...19
☆ 跳房子 ...22
☆ 闲谈 ...25
☆ 现在你能听到我吗？ ...28
☆ 传话游戏 ...32
☆ 先睹为快 ...36
☆ 老鼠、猫头鹰和熊 ...40
☆ 伙伴迷宫 ...44
☆ 数字游戏 ...47

第三章

注意听！积极倾听技能 ...52

什么是积极倾听？ ...52
用儿童理解的语言解释积极倾听的含义 ...52
儿童使用积极倾听技能的时机和地点 ...53
　☆ 倾听示范 ...54
　☆ 厨师长，注意听！ ...56
　☆ 展示与讲述 ...61
　☆ 倾听，行动 ...64
　☆ 前十名 ...67
　☆ 跺脚、跺脚、眨眼 ...71
　☆ 接龙游戏 ...73
　☆ 左右传递 ...76

积极倾听看起来和听起来是什么样的？ ...52
积极倾听技能为什么重要？ ...53
本章预览 ...53
　☆ 一步指令 ...55
　☆ 行动关键词 ...59
　☆ 浮萍小曲 ...62
　☆ 倾听，思考，行动 ...66
　☆ 搭积木 ...69
　☆ 我说，你说 ...72
　☆ 说出你的最爱 ...74
　☆ 背靠背，指导绘画 ...78

第四章

我们在一起！合作技能 ...80

什么是合作？ ...80
用儿童理解的语言解释合作的含义 ...80
儿童使用合作技能的时机和地点 ...81
　☆ 建筑工人 ...82
　☆ 划小船 ...86
　☆ 城市设计 ...89
　☆ 气球圈 ...93
　☆ 组字母 ...96
　☆ 指尖呼啦圈 ...98
　☆ 障碍训练 ...101
　☆ STEM 挑战 ...103
　☆ 跨过河流 ...106

合作看起来和听起来是什么样的？ ...80
合作技能为什么重要？ ...81
本章预览 ...81
　☆ 勇登救生船 ...84
　☆ 你选，我选 ...87
　☆ 双人瑜伽 ...91
　☆ 太空竞赛 ...94
　☆ 团队钻横杆 ...97
　☆ 两人三足赛跑 ...100
　☆ 共同完成 ...102
　☆ 同伴故事书 ...105

第五章
挺身而出！责任技能 ...108

什么是责任？ ...108
用儿童理解的语言解释责任的含义 ...108
儿童使用责任技能的时机和地点 ...109

☆ 家庭期待 ...111
☆ 衣服分类 ...115
☆ 家务挑战 ...118
☆ 宠物水疗 ...122
☆ "蛋极了"的责任 ...124
☆ 援助之手 ...128
☆ 需求驱动器 ...130
☆ 超级救助者 ...132
☆ 空中飞球 ...134

责任看起来和听起来是什么样的？ ...108
责任技能为什么重要？ ...109
本章预览 ...110

☆ 责任追踪器 ...113
☆ 玩具接力 ...116
☆ 花园园艺技能 ...120
☆ 城市街道 ...123
☆ 生产线 ...126
☆ 时间追踪器 ...129
☆ "收养"邻居 ...131
☆ 开办餐厅 ...133
☆ 骄傲计划 ...136

第六章
我听到你了！共情技能 ...137

什么是共情？ ...137
用儿童理解的语言解释共情的含义 ...138
儿童使用共情技能的时机和地点 ...138

☆ 假扮父母 ...140
☆ 家庭会议 ...143
☆ 电影之夜调查 ...147
☆ 清扫社区 ...150
☆ 宠物高光 ...153
☆ 变成台灯 ...155
☆ 同学提示 ...157
☆ 换位思考 ...161
☆ 共情地图 ...164

共情看起来和听起来是什么样的？ ...137
共情技能为什么重要？ ...138
本章预览 ...139

☆ 额外的情感表达 ...142
☆ 预测角色的感受 ...145
☆ 面对镜子讲故事 ...148
☆ 家庭决议 ...152
☆ 给表情补充场景 ...154
☆ 洞察力侦探 ...156
☆ 采访祖父母 ...159
☆ 观察公园游客 ...162
☆ 交换辩论立场 ...166

第七章

一起玩乐！参与技能 ...167

什么是参与？ ...167
用儿童理解的语言解释参与的含义 ...168
儿童使用参与技能的时机和地点 ...168
　☆ 全员上车 ...169
　☆ 共同点 ...173
　☆ 谈话圈 ...176

参与看起来和听起来是什么样的？ ...167
参与技能为什么重要？ ...168
本章预览 ...168
　☆ 加入游戏 ...171
　☆ 织网 ...174
　☆ 一样，一样，不一样 ...178

第八章

掌控大权！自我控制技能 ...179

什么是自我控制？ ...179
用儿童理解的语言解释自我控制的含义 ...179
儿童使用自我控制技能的时机和地点 ...180
　☆ 车库乐队 ...182
　☆ 拍打模式 ...186
　☆ 轻拍气球 ...190
　☆ 大声点儿，小声点儿 ...193
　☆ 魔镜，魔镜 ...195
　☆ 数到五益智问答 ...198
　☆ 准备，开始，跳舞 ...200
　☆ 碰碰车大清扫 ...203

自我控制看起来和听起来是什么样的？ ...179
自我控制技能为什么重要？ ...180
本章预览 ...181
　☆ 定格舞 ...184
　☆ 平静瑜伽组合 ...188
　☆ 冻结标签 ...192
　☆ 西蒙说 ...194
　☆ 白金汉宫 ...196
　☆ 我可以……吗？ ...199
　☆ 气球排球 ...202

第九章

保持冷静！情绪调节技能 ...205

什么是情绪调节？ ...205
用儿童理解的语言解释情绪调节的含义 ...206
儿童使用情绪调节技能的时机和地点 ...207

情绪调节看起来和听起来是什么样的？ ...205
情绪调节技能为什么重要？ ...207
本章预览 ...207

☆ 回应式调节 ...208
☆ 调节式常规行为 ...212
☆ 控制呼吸 ...215
☆ 同伴呼吸法 ...217
☆ 喷火龙呼吸法 ...220
☆ 释放能量 ...222
☆ 身体扫描 ...224
☆ 风筝，树，青蛙 ...228
☆ 创造自己的咒语 ...233
☆ 随它去吧 ...236

☆ 冷静空间 ...210
☆ 表达情绪 ...213
☆ 气泡呼吸法 ...216
☆ 毛绒玩具呼吸法 ...218
☆ 轻拍，轻拍，紧抱，放手 ...221
☆ 休息站 ...223
☆ 渐进性肌肉放松 ...226
☆ 正念冥想 ...230
☆ 感官定位 ...234

第十章
认真思考！解决问题技能 ...238

什么是解决问题？ ...238　　**解决问题看起来和听起来是什么样的？ ...238**
用儿童理解的语言解释解决问题的含义 ...238　**解决问题技能为什么重要？ ...239**
儿童使用解决问题技能的时机和地点 ...239　　**本章预览 ...239**

☆ 消失的物品 ...240
☆ 岩浆遍地 ...242
☆ 创造自己的游戏 ...245
☆ 平衡游戏 ...249
☆ 意大利面摩天大楼 ...252
☆ 运输动物 ...255
☆ 电视购物广告 ...258
☆ 合作建造气球塔 ...261
☆ 故事转换 ...265

☆ 按一按 ...241
☆ 友好的堡垒 ...244
☆ 发明大会 ...247
☆ 纸飞机 ...250
☆ 灵活作画 ...253
☆ 翻转毯子 ...256
☆ 创作故事 ...259
☆ 寻找领导者 ...263

第十一章
你也很重要！尊重技能 ...267

什么是尊重？ ...267
用儿童理解的语言解释尊重的含义 ...267
儿童使用尊重技能的时机和地点 ...268
- ☆ 红灯，绿灯 ...269
- ☆ 尊重宾果游戏 ...274
- ☆ 寻找屏幕上的尊重 ...277
- ☆ 黄金法则 ...280
- ☆ 通话礼仪 ...283
- ☆ 尊重食谱 ...288

尊重看起来和听起来是什么样的？ ...267
尊重技能为什么重要？ ...268
本章预览 ...268
- ☆ 家庭拼图 ...272
- ☆ 赞美圈 ...276
- ☆ 尊重侦探 ...279
- ☆ 赞美诗 ...281
- ☆ 界内或界外 ...286

第三部分　实践应用 ...289

第十二章
将技能融入日常生活 ...290

社交技能的日常实践方法 ...290

最终思考 ...297

第一部分

准备工作

在这一部分，我们将探索社交技能的定义，解释社交技能对于孩子目前和未来发展的重要性。您会大致了解到某种社交技能在儿童时期的什么时候出现、改变和发展，继而确定自己的孩子在社交技能发展谱系中所处的具体位置。

您还会读到有关社交技能教学、建模和培育的重要步骤，孩子们在各种熟悉的环境中学习社交技能的范例，以及一些教您怎样与孩子谈论社交技能和新的社交情境的简单易懂的指南。

Social Skills
for Kids

社交技能101

什么是社交技能？

　　社交技能包括人们与他人相处、积极参与社交活动，以及形成和维持各类关系所需要的各种能力。这些关系指的是人们与家庭成员、朋友、团队或俱乐部成员、同学、老师、社会领袖，甚至是未来的同事所构建的关系。

　　社交技能可以帮助孩子评估环境，并选择适合该情境或社交互动的行为。由于情境和社会期望伴随着环境的变化而变化，因而让孩子们学习各种各样的行为、语言和行动非常重要。对孩子们来说，能够感知自己的言行对周围人产生的影响也非常重要。

　　沟通、轮流、合作、共情、自我控制、情绪调节、解决问题和冲突等都属于社交技能的范畴。孩子们若想成功地融入社会群体，不仅要学会和他人沟通自己的想法和感受，还要学会通过语言和非语言沟通，例如肢体语言、面部表情等，来识别他人的想法和感受。他们还需要发展与他人合作的技能，比如轮流分享观点和使用材料，或者一起解决社会问题、学术问题和团队运动中的挑战等各类问题！

良好社交技能的益处

　　随着孩子们不断成长和发展，社交技能将在他们生活的方方面面发挥十分重要的作用。培养良好的社交技能可以给您的孩子带来一系列积极的影响。

● **减少压力和孤独**

　　社交技能可以帮助孩子们避免压力和孤独。当孩子们能够形成并维持人际关系时，他们就不太会感到孤独。当孩子们拥有值得信赖、可以依靠的伙伴时，他们的压力水平也会降低。研究表明，压力和孤独均会导致糟糕的心理和身体状况。所以，培养强大的社交技能实际上有助于孩子保持积极的心理状况和健康的身体状况。

● **学业成功**

　　良好的社交技能与学业成功息息相关。将分数作为衡量标准，会发现能够在学校进行有效沟通、积极倾听他人、参与解决问题、自我调节情绪的孩子，表现更加优秀。学生们在学校经常进行合作学习活动，这些活动旨在帮助他们为现实中的学习做好准备，从而促进学业成功。在此期间，那些能够与同伴沟通自己的想法，不加评判地倾听同伴的想法，然后利用这些信息来为任务或项目做计划的孩子，比那些较难融入团队开展有效工作的孩子表现更优异。

　　此外，在集体学习中遇到阻碍时，那些能够自我调节情绪、使用有效和适当的策略平静下来的孩子，可以更快地重新集中注意力，从而缩短学习时间。自我控制能力（也称"冲动抑制能力"）也与学业成功与否有关，因为自控力好的孩子较少错过老师的指导。且与课堂上难以自控的孩子相比，自控力好的孩子与同龄人的关系更为融洽。

● **事业成功**

　　虽然孩子们的事业看似遥远，但是时光飞逝，一晃眼，您的孩子已经在申请周末兼职或进入职场了。良好的社交技能有助于孩子成为优秀的团队成员、富有同情心的同事和有责任感的员工。罗伯特·伍德·约翰逊基金会（Robert Wood Johnson Foundation）资助的一项研究调查了七百多名幼儿园学生的社交技能，并跟踪调查了他们成年后的表现。研究表明，相关行为——如分享、解决冲突和合作等——与长期的成功息息相关，拥有强大社交技能的孩子未来更有可能接受高等教育、获得高薪工作、保持更稳定的心理健康。研究还发现，在幼龄阶段（幼儿园和小学一年级）拥有强大社交技能的孩子，在二十年后更有可能拥有全职工作。为什么会这样呢？这是因为早期社交技能的发展让孩子们感到自我与社会紧密联系在一起，并在学业和社交方面获得有意义的成长。

什么时候发展社交技能？

从人们出生直到成年，社交技能都在不断发展。我们不断地从环境中接收信息，环境反过来也塑造了我们在特定情况下或者与特定的人相处时的行为方式。我们不断地通过语言或非语言沟通，从周围的人那里获取信息，从而感知我们的行为或语言怎样影响周围的人，或者会有什么潜在的影响。

随着孩子的成长，您可以期待孩子发展以下社交技能。与儿童发展的大多数方面一样，社交技能的发展也会因人而异。有些技能的出现会早于预期，有些会晚一些。一般来讲，您不必因为时间的早晚而感到恐慌。但是，如果您对孩子的互动、行为或健康产生担忧，一定要联系儿科医生。

- 0～6个月

在婴儿时期，社交技能就已开始发展。婴儿开始建立眼神沟通（一种非语言沟通技能），他们会在熟悉的人靠近时微笑，对觉得有趣的动作报以大笑。

- 6～12个月

婴儿出生半年之后，会继续建立更强烈的眼神接触，保持眼神接触的能力也在增强。在社交活动中，婴儿不仅对熟悉的面孔微笑，还会对身边的新面孔微笑。他们会模仿拍手或指指点点等行为，寻找看护人，并对他人的面部表情做出回应。

● 1～2岁

在出生后第二年，蹒跚学步的他们开始发展基本的自我调节技能，比如安定或平静下来（有时称为自我安抚）。他们可能会把玩具给别人，参与模仿日常活动和动作等角色扮演。他们开始用简单的词语或短语进行口头沟通。

● 2～3岁

在这个年龄段，孩子们开始进行模仿游戏，学过家家，比如做饭或打扫房间。他们也通过索要自己想要的物品或者使用陈述式言语表达，分享自己的想法或者感受。他们也会有照顾他人的行为，比如玩洋娃娃的时候，他们会表现出对他人需求的关心和觉察。这个年龄的孩子通常也开始在其他孩子旁边玩耍，尽管他们可能并没有一起玩（称为"平行游戏"）。

● 3～4岁

这个年龄段的孩子会继续在他人旁边玩耍，但可能开始和同龄人或兄弟姐妹一起玩。他们可以和两到三个同龄朋友轮流玩耍，也会把洋娃娃和毛绒玩具当作有生命的物体，让它们一起参与社交游戏。这个年龄的孩子们开始谈论他们对于不同情境的感受，也可能表现出对家庭和社会规则的感知，特别是当他们知道自己打破了规则的时候。孩子们还会对他人表现出自发的友善和关心。

● 4～5岁

在5岁的时候，他们能够轮流和他人一起开展富有想象力的游戏。在游戏中，他们可能会向着一个共同的目标合作，这是早期的合作技能。

他们开始参与自我经验之外的想象游戏，比如假装自己是咖啡店的咖啡师。孩子们还可以玩一些规则简单的游戏，比如捉迷藏或定格舞。在这个年龄段，孩子们更善于沟通，与同龄人进行对话。

● 5～6岁

在人生的这个阶段，孩子们可能会开始与他人带着共同的目标一起玩耍。他们可能会以富有想象力的方式一起玩，比如假装自己是最喜欢的电视节目中的角色。他们还有可能一起完成一项富有想象力的任务，比如保护市民远离一条喷火龙。他们也可能在成年人的指导下开始玩棋盘游戏。孩子们可能还会在玩耍时进行谈判，比如："这次你当骑士，我当龙，下次我当骑士，你当龙！"这个年龄段的孩子通常开始询问其他孩子的兴趣、经历和想法，能够与同龄人进行更有深度的对话。

● 6～7岁

孩子们会继续和同龄人一起玩，还可能形成规模更大的小团体。他们会与团体成员一起制定游戏的规则，这需要协商的技能。他们也玩合作游戏，并开始学习怎样应对失败。

● 7～8岁

在这个年龄阶段，社交和认知技能获得发展。孩子们会继续与同伴一起玩游戏，创造自己的游戏，并参与自我经验之外的游戏（比如担任海盗船船长）。然而，这个年龄段的游戏通常缺乏想象力，更多的是目标导向或充满竞争的游戏。在这个年龄段，孩子们能够更好地处理竞争性游戏的失败，并理解体育精神。

孩子们越发意识到别人的感受、感知和意图，也懂得多种情感可以共存。例如，他们意识到自己对大型游戏感到兴奋，但同时也会对自己在游戏中的表现感到紧张；他们能够认知在环境中所见的事物，并且利用这些信息为自己选择合适的行为；他们会计划自己的行动和提前思考，例如，当他们想邀请好友玩游戏时，他们会提前计划活动。这个年龄段的孩子在解决问题时能够更好地综合考虑问题。

- **社交技能发展受阻的特殊情况**

虽然社交技能的发展通常遵循年龄规律，但是儿童之间存在差异，特别是被诊断有社会交往障碍的儿童，他们的社交技能发展比较特殊。儿童若被诊断患有自闭症谱系障碍，他们的参与技能、沟通技能、自我控制能力和其他社交技能可能不会遵循预期的发展模式。同样，被诊断为注意力缺陷多动障碍的儿童可能难以表现出符合年龄预期的自控能力或情绪调节能力。

如果您的孩子被诊断患有影响社会交往、发展或沟通等的疾病，请向儿科医生了解更多有关发展预期的知识和策略，帮助您的孩子实现符合个人情况的发展和进步。本书收录的活动对您和您的孩子来说仍然是有趣的！与孩子的看护人员谈一谈，确定现阶段最好关注哪些技能（例如沟通、情绪控制等），并选择训练这些技能的活动。

儿童怎样发展社交技能？

孩子们主要通过观察周围人的社交技能并应用到个人生活中来达成学习社交技能的目的。他们从一出生就开始学习社交技能了。接下来，我们来思考一些具体的案例：

★ 现在是下午接近晚上的时间段。午饭早已吃完了，午睡时间也已经结束。晚饭还没准备好，但是您的孩子饿了。他会观察兄弟姐妹饿的时候怎样索要零食，然后模仿他们获得自己的零食。他看到一个兄弟姐妹说："妈妈，我能吃根香蕉吗？"然后，他会模仿着获得自己的零食。如果他是一个接收了所有这些信息的婴儿，可能尚不会用语言表达，但是他可能会发出一些声音来尝试索取兄弟姐妹刚刚得到的食物。在家庭环境中，孩子们通过观察家庭成员，获得有关如何行动或者如何获得所需物品的信息。

★ 您带着3岁的孩子在一家杂货店前排长队，孩子坐在购物车座位上，环视着其他排队的人。对蹒跚学步的孩子来说，排长队可能是一个新鲜的体验。孩子们看到人们在杂货店前耐心地排队等待，会让他们得到重要的社交信息，懂得在特定场合应该怎样做。

★ 在公园里，您的孩子看到其他孩子在玩游戏，看起来很有趣。他不认识这些孩子，似乎不知道如何加入。当他观看别人玩游戏的时候，可能会看到有人加入游戏。他会观察其他孩子如何加入游戏，继而获得如何参与其中的信息。

以上案例说明，完成有效社交需要三个基本的步骤：观察、思考、行动。

● 步骤一：观察

观察包括注意和接收社交信息，这对社交技能的发展至关重要。在这一过程中，孩子会观察和接收重要的环境信息，以及环境中的人的信息。观察具有多种形式：

★ 孩子们观察成年人在特定环境中做什么。

★ 孩子们也能同环境的氛围熟悉起来。是有趣的、随意的环境，还是人们看起来很严肃？

★ 当孩子们面对新的场合时，他们会观察其他孩子的行为。其他孩子在做什么？他们怎样完成任务？他们是怎样玩的？

★ 孩子们能够注意其他人的反应。他们可能会注意到一位朋友见到自己似乎很兴奋，然后给朋友一个拥抱；他们还可能注意到，兄弟姐妹似乎对正在玩的游戏感到厌烦，于是可能会提议玩一个新游戏。

孩子们利用周边信息指导自己的行为，反之，自己的行为也会直接影响他人。如果孩子没有看，没有观察，他们可能会做出不适合环境或场合的行为。

● **步骤二：思考**

第二项任务是思考，指的是孩子们思考并解读他们观察到的信息。例如：

★ 当所有孩子安静地坐在地毯上面向老师时，这意味着什么？
★ 当我的朋友独自坐在一边哭泣时，这意味着什么？
★ 当我的妈妈在办公室打电话时，这意味着什么？

思考还指解读他人的意图，例如：

★ 他这话是什么意思？
★ 他的行为向我表达了什么意思？

随着时间的推移，孩子们的思考技能当然会不断发展。思考技能的发展是社交技能发展中的一大重点，您可以在户外场合培养孩子的思考技能。例如，孩子们在公园操场上排队玩滑梯时，如果您的孩子插队，就会引起小朋友们的强烈不满。他们可能会大喊："嗨，他插队了！没轮到他呢！我还在等呢！"随着时间的推移，孩子们会内化这种社交信息：当我没有耐心等待，不按顺序排队时，我的朋友们会感到难过。其他孩子会通过家长的指导受益："你看，你的朋友皱着眉头，双臂交叉。你觉得他怎么啦？他为什么这样？你应该怎么做，让你的朋友感觉好一些？"

● **步骤三：行动**

一旦孩子们观察到信息并经过了深思熟虑，他们就能够使用符合（或不符合）情境的方式采取行动。年幼的孩子有时会跳过思考直接行动,但是遵循以上三个步骤会确保获得更好的结果。

3至5岁的孩子已经能够通过预测未来的结果来提前思考并计划他们的行动,比如打算跳下楼梯时,他们会离楼梯底部近一些再跳,因为他们已经预想到如果选择从顶部的台阶上跳,他们会摔得很痛。虽然年幼的孩子能够观察和从社交结果中吸取经验教训(比如,"当我拉扯妹妹的头发时,她会哭。我不想让妹妹伤心,所以我不会再拉扯她的头发了"),但是研究人员认为,大多数孩子在7岁时才能够较好地发展理性思维,拥有内化的良知,并在社交场合中抑制冲动(人们有时将7岁称为"理性的年龄")。在这个阶段,孩子们更能意识到他人的感受,意识到自己的行为怎样影响他人的情绪。他们可以利用观察到的信息进行理性的思考,然后选择适当的行动。虽然个体差异确实存在,但许多孩子在7岁之前仍把自己视为世界的中心,很难从别人的角度看问题。

● **通过话语式观察,培养社交技能**

随着年龄的增长,孩子们在大约5~8岁时能够通过与值得信赖的成年人对某一情景进行深思熟虑的质询,来接收直接的指导,并获得对社交技能有益的反馈或建议。简单来讲,孩子无意中听到父母大声表达对某一情况的疑惑,就属此类。话语式观察可以帮助孩子更好地理解并遵循前面提到的三个步骤:观察他人(观察),思考社会情境的需求和期望(思考),然后选择一个符合情境的行动(行动)。让我们来看一些具体的例子:

★ 您和孩子刚刚乘上地铁,找到座位坐下来。在这个情境中,您担心孩子说话的音量过高,所以您说:"嗯,我上车的时候注意到,车上的每个人都安静地坐着。有人在读书,有人在听音乐。我想,如果我现在和我妹妹通电话,会打扰别的乘客,所以我还是给她发短信吧,等我们到家后再给她打电话。"

★ 您和孩子到当地的公共图书馆参加故事读书会。今天的活动是读一本书,然后和小伙伴一起做一件手工艺品。这是您的孩子第一次参加这种活动,所以您可以说:"我们刚刚进来的时候,我注意到其他的孩子都和家长一起坐在地毯上。他们把手放在大腿上,并看向图书管理员。我们加入他们吧,跟着他们一起做!"故事讲完后,您走到手工桌旁,说:"看看这些超酷的材料!我看到很多孩子也过来了。看起来这些材料是给所有人的。我们选点儿这个,再选点儿那个,这样每个人都能有足够的材料。"

★ 您和孩子去参加一场生日会。在场的孩子们显然非常兴奋,他们跑来跑去,高声尖叫着玩游戏。您预想到自己的孩子和其他孩子一起疯跑的话,可能会兴奋过头,所以您说:"哇,生日派对真令人兴奋!看起来每个人都很开心。我注意到杰登的祖母捂住了耳朵。小朋友们的奔跑声和尖叫声可能会伤到她的耳朵。看,杰登的妈妈在那边组织了一个有趣的游戏,你的朋友麦克斯正在玩。为什么我们不加入他呢?"

感知他人的感受以及自己的行为如何影响他人,是社交技能发展的一个重要组成部分。我们向孩子分享对社交情境的观察,有助于启发孩子进行思考。随着时间的推移,孩子们会逐渐内化这一观察过程。

怎样为技能发展提供温和的指导?

您有时会发现自己面临着一个难题:您需要指导孩子解决问题,却找不到正确的语言或者方法。当您指导孩子在真正的社交场景中解决实时问题时,可以使用美国心理协会建议的"IDEAL 五词法"来指导您的谈话:

★ Identify(**识别**)识别场景中的问题和感受
★ Determine(**确定**)确定可能合适的解决方案
★ Evaluate(**评估**)评估每一种可能的方案
★ Act(**行动**)选择最好的方案,采取行动
★ Learn(**吸取**)吸取经验教训,以备未来使用

下面，我们利用一个具体案例加以说明：

场景： 您7岁的孩子在足球训练结束后回到家，抱怨杰米不传球给他："杰米真是个球霸！我有空当，我已经告诉他我有空当，但他就是不传球给我。我再也不想在这支球队里踢球了！"

识别场景中的问题和感受：

家长："哇，听起来今天的足球训练真的很难啊。你感到很沮丧。"
孩子："是的，我要疯了！有人霸占着球就不好玩了。"
家长："听起来，杰米今天的所作所为，让你无法享受最喜欢的运动了。"
孩子："是的，当人们不分享球的时候就不好玩了。"

在该情境中，孩子的感受被标记（沮丧和愤怒），家长继而识别出问题所在：孩子之前喜欢足球运动，现在由于缺乏同伴互动而失去了兴趣。

确定可能合适的解决方案：

家长："针对这个问题，你觉得应该怎么做？"
孩子："我只是想退出球队。踢足球一点儿都不好玩！"
家长："嗯，这是一个办法。我们看看能不能想出其他办法。"
孩子："嗯，我想我可以跟他谈谈，让他传球。"
家长："你当然可以这么做，他可能不知道你的感受。"
孩子："或者，我可以让其他队员不要把球传给他。"
家长："这也是一个办法，我们还能想出别的办法吗？"
孩子："也许我应该问问特雷教练，他可以提醒队员把球传给有空当的球员，好让他们射门得分。"
家长："这又是一个好主意。我们来想想，如果你尝试用这些方法来解决问题，会发生什么？"

评估每一种可能的方案：

解决方案 1

家长："如果你决定退出球队，可能会非常怀念踢足球，这可是你最喜欢的运动！让我们看看有没有更好的解决办法。"

解决方案 2

家长："你可以跟杰米谈谈，告诉他你的感受。你可以告诉他，当他不传球给你时你感到很沮丧。请他在你有空当接近球门的时候，把球传给你。他有可能只是不知道你的感受，如果你分享自己的感受，他可能会更愿意把球传给你。"

解决方案 3

家长："你可以告诉其他人不要把球传给杰米，但这似乎不符合体育精神，对吧？这样做可能会引发队友之间更大的矛盾。"

解决方案 4

家长："你可以和教练谈谈这个问题。他可以在训练时提醒大家注重团队合作，成为球队的一员。他甚至可以让每人做一些传球练习，确保大家都知道怎样传球。你认为哪种解决方案是最好的？"

孩子："嗯，我不想和杰米谈论我的感受，这会让我不舒服。所以我还是先跟特雷教练谈谈吧，这对我来说是最好的办法了。"

家长："我认为这是一个很好的解决办法。特雷教练能帮上忙。"

选择最好的方案，采取行动：

训练当天，您的孩子可以早点儿来到足球训练场和教练讨论这个问题。

孩子："特雷教练，我能和您说句话吗？"

教练："当然可以。有什么事吗？"

孩子："上周训练时，杰米不愿意把球传给我，所以我真的很沮丧。我一直告诉他我有空当，但他就是带着球。我真的感到很沮丧，我想知道我们能不能说说传球的事，或者在训练中练习传球。"

教练："谢谢你告诉我自己的感受。我们当然可以讲一讲传球的事。练习总是很重要的！"

> **吸取经验教训，以备未来使用：**
>
> 　　家长："你找到一个有用的方法来解决足球问题，我真为你骄傲！你认为从这段经历中学到了什么？"
>
> 　　孩子："大人们真的很想帮忙。特雷教练知道该做什么，传球训练的确有助于所有的队员。我很高兴自己没有因为生气而放弃，不然的话，我会非常怀念足球的！"
>
> 　　家长："太好了！遇到问题的时候，你可以随时和我们聊一聊，寻求帮助。不要在生气的时候立即做决定或采取行动，这一点十分重要。反之，花一些时间讨论问题，这能够帮助你做出冷静的决定。"

　　引导孩子思考问题和其中每个人的感受，然后思考可能的解决方案。排除可能产生负面结果的解决方案同样十分重要，因为这可以鼓励孩子预测未来行动的结果，还可以鼓励孩子们在采取行动前停下来，花一些时间思考问题。这是控制冲突技能，在生活的各个方面都十分重要。

指导儿童的普适性建议

　　前面我们讨论了许多帮助孩子在社交场合中应对"当下一刻"的方法。以下是一些能够为孩子提供学习社交技能的安全空间的补充做法：

★ 给孩子大量练习的机会！鼓励孩子加入定期的游戏小组，与邻居交往，去公园游玩。

★ 鼓励孩子们一起玩游戏，在游戏中学会如何轮流做事，以及有风度地输赢。

★ 鼓励孩子与小朋友相约一起玩耍，练习分享和做别人选择的事情。

★ 与朋友或家人视频聊天，帮助孩子练习积极倾听，在电子场景中获取非语言信号。

★ 教会孩子识别和定义自己的感受，并练习识别他人的感受。

★ 教孩子共情。家长寻找机会谈论别人的感受，为孩子们做出表率，让孩子们知道如何想象他人可能会有什么感受。
★ 在场景出现之前进行角色扮演，帮助孩子提前练习。比如，家长与孩子去公园之前，与孩子进行角色扮演，练习如何请求加入别人的游戏；去艺术营之前，与孩子进行角色扮演，练习评价同伴的作品。
★ 给孩子大量独立获得成功的机会，家长只在孩子有需要的时候介入。
★ 对于孩子的社交技能，家长提供温和、充满鼓励的反馈。

给孩子们多种多样的学习机会，向他们提供富有建设性、同情心的反馈和温和的指导，这有助于孩子们发展重要的社交技能，从而获得他们在学校、体育场和其他情境中取得成功的必备要素。

第二部分

活动

在这一部分,您会看到一百五十多项锻炼社交技能的活动,供您和家人、朋友在各种场合,包括家中、邻里间、社区或者视频聊天等,进行重要社交技能的训练。每一份活动说明包括活动的适用年龄范围、所需材料清单、锻炼的技能、逐步指导,以及开展活动前需要完成的必要的教学或准备工作。本书还配有活动完成后的讨论问题,供孩子们思考怎样将学习应用到现实生活中。讨论问题是重要的过渡,有助于孩子们思考他们刚刚完成的活动,将活动与身边的世界联系起来。尽管我们为每项活动设计了特定的问题,您也可以提出额外的开放式问题,比如,"这项活动的乐趣/困难/简单之处是什么?"。

请记住,由于孩子们的成长速度不同(这是正常现象),本书给出的年龄范围只是简单的建议。请您根据孩子的自身情况,挑选最适合孩子的活动。如果一项活动没有满足您最初的期望,请之后再试一次。

另外,如果孩子特别喜欢某一项活动,您可以不断地进行重复。当孩子们能够完成一项任务或挑战时,他们会享受到一种掌控感。您可以略微地改变活动规则,让游戏更具趣味性。您还可以按照自己家庭的兴趣,为孩子量身定制一项活动,这会赢得孩子的高度支持。

最重要的是,大家要一起玩得开心!

我们聊天吧！沟通技能

什么是沟通？

"沟通"指人们分享和传递想法的方式，包括语言沟通和非语言沟通两种形式。语言沟通是人们交谈的方式，包括口语、手写或打印语言、人们使用的音调，甚至声音的音量。总之，语言沟通不仅包括人们说的话，还包括人们采取哪种方式传达重要的社会信息。

非语言沟通指人们通过动作、姿势、面部表情和肢体进行沟通的方式，可以包括点头、眼神沟通、把身体转向说话的人、对说话的人保持微笑等等。我们可以做出各种姿势，让孩子们想象一下当他们说话时，如果有人站着或看起来是这副模样，他们会有什么感觉，从而激发孩子们对非语言沟通的理解。例如："如果你正在给我讲一个非常激动人心的故事，我却抱着胳膊、皱着眉头看着房间里的物品，你会有什么感觉？相反，如果你跟我说话的时候，我和你保持眼神沟通，不住地点头，看起来很兴奋，你会怎么想？"

沟通看起来和听起来是什么样的？

沟通可表现为语言对话，但它不仅仅是说话。沟通可以表现为皱着眉头、耷拉着肩膀，或者兴奋地跳跃和微笑。沟通还可能是一张手写的便条或一条短信。孩子们可能使用以下沟通方式：

★ 与家人和朋友聊天

★ 为朋友画画，让他们开心一些

★ 当同伴未经询问拿走一件玩具后，孩子会哭泣或皱眉

用儿童理解的语言解释沟通的含义

您可以这样向孩子解释沟通的含义：

> 我们都有想说的话和想分享的想法。我们可以使用多种多样的表达方式，比如用语言告诉别人我们在想什么，用面部表情告诉别人我们的感受，还可以画一幅画来表达我们的感受，这些都是沟通的方式。沟通就是我们通过语言、身体、表情、文字或图画来分享我们的想法、思想或感受。

沟通技能为什么重要？

有效沟通是社交技能的重要组成部分！婴儿用哭声向看护人传达他们的需求；幼童用行为来表达他们的需求；再大点儿的孩子用语言、表情、行为及其他方式来分享他们的想法和经历。沟通技能是我们分享观点、需求、梦想、想法的方式，但沟通的内容不仅限于此。掌握与他人有效沟通的能力可以提高团队的凝聚力、工作效能以及增强集体意识。

儿童使用沟通技能的时机和地点

沟通无处不在！在家里，孩子们会沟通自己的需求、恐惧和想要的东西。在游戏中，他们会沟通自己的创意和想象。在教室里，他们会沟通自己的想法和问题。孩子们如果能够用语言和行动进行有效沟通，就可以在任何情境中保持优势，这是因为他们有信心大声表达，说出自己的需求并分享独特的想法。

本章预览

在本章中，您会看到帮助孩子练习语言和非语言沟通技能的游戏和活动。带领孩子与家人或者邻居一起尝试吧！您还可以让孩子与祖父母、堂兄妹或者朋友在视频聊天中完成一些活动。

讨论书籍

您可以与宝宝讨论自己读过的书,哪怕他们还不能用语言回应。您可以向他们提问,指出书上令人感到兴奋的部分,这个做法能够帮助宝宝学习词语,增强他们尝试沟通的信心。

年龄范围:	1～2岁
技　　能:	非语言信号、肢体语言
所需材料:	书
参 与 人:	幼儿、看护人
地　　点:	室内

⚑ 活动规则

★ 读书时,与宝宝讨论故事的内容。您可以说:"哇,我没想到他会这么做。你知道接下来会发生什么吗?"停下来,给予宝宝回应的时间。

★ 指出书中令人感到兴奋或者重要的细节。您可以说:"看到这只蓝色的狗狗了吗?它看起来毛茸茸、软绵绵的。你想和蓝色的狗狗一起玩吗?"在每一个问题之后停顿一下,与宝宝进行眼神沟通,给予宝宝回应的机会。

★ 如果宝宝发出小小的声音、踢腿或伸手去够书,这就是他们回应的方式。您要表现得像他们在和您说话一样:"噢,真的吗?!你是这样想的吗?哇,你真有洞察力。"或者您可以说:"你觉得一只蓝色的狗狗很有趣吧?我也这么认为。"

⚑ 反思与展望(写给看护人)

★ 今天,当我在读故事时,宝宝是怎样与我沟通的?
★ 宝宝尝试沟通时,我还能使用什么回应方式?

第二章 我们聊天吧！沟通技能 | 21

跳房子

在各种社会互动中，能够感知自己的音量是非常重要的。本项活动帮助孩子们通过音阶和肢体动作理解声音的高低，有助于他们学会在不同的场合选择最适合的音量。

年龄范围：	3岁以上
技　　能：	沟通、音量
所需材料：	粉笔
参与人数：	1人以上
地　　点：	室外

⚑ 活动之前

★ 画一个整齐的跳房子格子，从0标到10。

★ 向孩子说明每一个数字和音量的关系。0代表着静音，10代表着最大的音量，5代表中等的音量，把每一个都讲清楚。

⚑ 活动规则

★ 玩家站在格子的起点上。

★ 您用不同的音量问："我的音量有多大？"

★ 玩家评估音量的大小，然后跳到对应的格子里。

★ 返回起点之前，玩家可以对自己的选择做出解释。

★ 继续用不同的音量问："我的音量有多大？"玩家根据音量的大小，跳到对应的格子里。

⚑ 反思与展望

★ 什么时候应该静音？

★ 什么时候应该用最大的音量？

★ 什么时候不该用最大的音量？

★ 你怎样记住什么时候使用什么样的音量？

幼儿语言

虽然幼儿可能无法熟练地使用语言表达自己的想法,但是他们其实拥有许多种沟通方式。即便他们现在可能不理解您的回应,您的语言回应也会鼓励他们进行沟通。如果幼儿尝试沟通时得到了鼓励,他们会获得一种成就感。

年龄范围:	1～2岁
技　　能:	非语言信号、肢体语言
所需材料:	无
参 与 人:	幼儿、看护人
地　　点:	室内或室外

⚑ 活动规则

★ 当您的宝宝试图用哭闹、挥手或用鼻子蹭来蹭去等方式进行沟通时,用语言回应他们。

★ 比如,当宝宝用鼻子蹭您的手臂时,您可以说:"你看起来好像饿了,我给你倒点儿奶!谢谢你告诉我你需要什么!"或者,当宝宝伸手摸您正在读的书时,您可以说:"噢,你对这个故事感兴趣啊!我们翻过这一页,看看接下来会发生什么。"

⚑ 反思与展望(写给看护人)

★ 宝宝今天是怎样和我沟通的?

★ 宝宝尝试沟通时,我还能使用什么回应方式?

闲谈

虽然幼儿可能无法用语言回应我们说的话,但他们可以从与看护人的真实对话中获得很多信息。您可以和宝宝进行一次"对话",即使这种对话看起来是单向的。您可以像平时一样说话,然后选择适当的时机停下来,让宝宝获得参与谈话的机会,这个做法有助于宝宝在学会说话之前便掌握对话技巧。宝宝可以在交谈中学会付出和接受,并喜欢上闲谈!

年龄范围:	1~2岁
技　　能:	非语言信号、肢体语言
所需材料:	无
参　与　人:	幼儿、看护人
地　　点:	室内或室外

⚑ 活动规则

★ 选择每天的一个固定时间与宝宝进行沟通,例如洗澡后或换尿布时。

★ 与宝宝保持眼神沟通,进行肢体的触碰,例如握住宝宝的手。如果宝宝已会坐立,您还可以让宝宝坐在您的腿上。

★ 像和大孩子谈话一样,和宝宝谈话。您可以谈谈自己的一天,然后询问他们的一天。询问之后,您要停下来,与宝宝保持眼神沟通,给他们回应的机会。宝宝可能会发出咕咕声,进行简单的眼神沟通,或者顽皮地踢腿,这都是他们回应的方式。

⚑ 反思与展望(写给看护人)

★ 宝宝今天是怎样与我沟通的?

★ 宝宝尝试沟通时,我还能使用什么回应方式?

我感觉，我需要

对所有的孩子来说，分享个人需求是一项重要的社交技能。当孩子们情绪强烈时，让他们说出自己的需求或者询问他们的需求，有助于帮助他们正确管理自己的情绪。本项活动将帮助孩子们思考自己的需求，练习大胆地索要物品。

年龄范围：	3岁以上
技　　能：	坚定
所需材料：	情景卡（可选，您也可以简单地说出情景）、情感图表或者几张带有表情符号的卡片
参与人数：	1人以上
地　　点：	室内或室外

⚑ 活动之前

★ 当我们情绪强烈的时候，我们会需要什么？让孩子针对这个问题展开讨论。当我们生气时，我们可能需要独处的时间。当我们伤心时，我们可能需要一个拥抱。让参与活动的孩子进行讨论，列出他们情绪强烈时的需求。

⚑ 活动规则

★ 对参与者读出以下情境：
  - 想象有人推翻了你正在搭建的高塔。
  - 想象你丢失了最喜欢的毛绒玩具。
  - 想象你骑滑板车的时候摔倒了。
  - 想象有人嘲笑你的艺术作品。
  - 想象你感到不太舒服。

★ 参与者使用情感图表或表情卡片，识别他们在具体情境中的感受，然后用以下句式表达出来："我感到……"

★ 然后，参与者思考他们在该情境中的需求，用以下句式分享自己的需求："我需要……"

🚩 反思与展望

★ 这项活动的难点是什么？
★ 这项活动的简单之处在哪里？
★ 为什么你认为与他人分享自己的感受十分重要？
★ 我们可以向他人索取自己的所需吗？你觉得当一个人情绪强烈的时候，向别人索取自己的所需可行吗？

　　为了帮助孩子认识强烈的情绪，您可以花些时间读一些情绪管理或冷静策略的相关书籍。您可以从阅读切尔·梅纳斯（Cherl Meiners）的专著《冷静下来，化解愤怒》(*Cool Down and Work Through Anger*) 开始。该书收录了适合孩子使用的一些实用的、分龄的冷静策略，是一部佳作。

现在你能听到我吗?

在学校、社交团体或游戏等场合中使用合适的音量是孩子的一项重要技能。本项活动将帮助孩子感知物理距离怎样影响自己的音量。

年龄范围:	3岁以上
技　　能:	沟通、音量
所需材料:	无
参与人数:	2人以上(双数)
地　　点:	室内或室外

⚑ 活动之前

★ 向孩子们讲解音量的不同,向他们展示不同的音量,例如窃窃私语、正常音量、大声讲话等。

★ 让玩家在活动开始前进行练习。

⚑ 活动规则

★ 玩家面对面站好。
★ 一名玩家小声说:"能听到我吗?"
★ 如果其他玩家能够听到,他们要说:"能听到你。"然后后退一步。
★ 重复这样做,直到后退的玩家听不到第一名玩家的声音。
★ 然后,第一名玩家把声音提高到正常音量,问道:"能听到我吗?"
★ 如果其他玩家能够听到,他们要说:"能听到你。"然后后退一步。
★ 重复这样做,直到后退的玩家听不到第一名玩家的声音。
★ 然后,第一名玩家把声音提高到大声讲话的音量,问道:"能听到我吗?"
★ 如果其他玩家能够听到,他们要说:"能听到你。"然后后退一步。
★ 重复这样做,直到后退的玩家听不到第一名玩家的声音。
★ 交换角色,重新开始游戏。

⚑ 反思与展望

★ 你注意到窃窃私语的时候玩家之间所需要的距离了吗?
★ 你注意到正常说话的时候玩家之间所需要的距离了吗?
★ 你注意到大声说话的时候玩家之间所需要的距离了吗?
★ 当别人离你非常近,但是大声说话的时候,你有什么感受?
★ 什么时候应该窃窃私语?
★ 什么时候应该选择正常音量?
★ 什么时候应该选择较大音量?

秘密物品

描述性沟通和积极倾听是日常沟通中的重要组成部分。通过描述性沟通，孩子们能够更好地向他人表达自己的真实观点。孩子们通过积极倾听他人表示自己的尊重，并获取想要的信息。本活动通过让孩子们描述和猜测秘密物品是什么，来锻炼他们描述性沟通和积极倾听的能力。

年龄范围：	4岁以上
技　　能：	沟通、积极倾听
所需材料：	一个装有不同材质的物品的袋子，例如带纹理的球、水果、硬的和软的玩具
参与人数：	2人以上
地　　点：	室内、室外或者视频聊天（向远方的朋友或家人描述物品）

⚑ 活动之前

★ 通过向孩子们描述身边环境中可见的物品，讨论怎样使用描述性语言。例如："这个枕头感觉很软，有一点儿不平。它尺寸很大，很容易压扁，让人感觉坐上去会很舒服。"

⚑ 活动规则

★ 在玩家看不到的情况下，将一件秘密物品放入袋子。
★ 一名玩家将手伸进袋子，在不看的情况下感受物品，然后向其他玩家描述物品。
★ 其他玩家听描述，猜测物品是什么。
★ 揭晓秘密物品是什么，然后玩家交换角色，猜测下一件物品。

⚑ 反思与展望

★ 这项活动的难点是什么？
★ 这项活动的有趣之处在哪里？

★ 描述你触摸到的物品是一件容易还是困难的事？
★ 同伴的描述有用吗？你能基于他的描述猜测出物品吗？
★ 你认为，当我们与他人谈话时，应该什么时候使用描述性语言？

传话游戏

这个熟悉的游戏鼓励孩子们积极倾听,并且使用合适的音量与他人沟通。

年龄范围:	4岁以上
技　　能:	积极倾听、音量
所需材料:	无
参与人数:	5人以上
地　　点:	室内或室外

⚑ 活动之前

★ 与孩子谈论音量的使用方法,向他们展示人们正常讲话的时候,声音过小、声音过大和正常音量是什么样。

★ 然后,向孩子们展示人们耳语的时候,声音过小、声音过大和正常音量是什么样。

⚑ 活动规则

★ 所有的玩家围成一个圆圈坐下。

★ 在第一轮游戏中,家长对着左边孩子的耳朵悄悄说一句秘密的话。家长的音量应该尽量小一些,只能够让左边的孩子听到,其他孩子听不到。

★ 然后,这名孩子再对着左边孩子的耳朵,小声说出秘密的话。

★ 当秘密的话传到最后一个孩子那里时,他要大声说出来。然后,家长揭晓秘密的话是否正确。

★ 继续游戏,直到每一个孩子都有机会做第一个传递的人。

⚑ 反思与展望

★ 当别人对着你耳语声音过小时,你感觉怎么样?发生了什么?

★ 当别人对着你耳语声音过大时,你感觉怎么样?发生了什么?

★ 什么时候应该使用小音量?

★ 什么时候应该使用大音量?

第二章 我们聊天吧！沟通技能 | **33**

你喜欢……？

与他人讨论自己的兴趣爱好，有助于孩子们发展同理心，超越自我局限，拓展社交视野。在本项活动中，孩子们将分享自己的爱好，然后练习赞同或者礼貌拒绝。

年龄范围：	4岁以上
技　　能：	沟通、积极倾听、礼貌拒绝
所需材料：	无
参与人数：	2人以上
地　　点：	室内、室外或者视频聊天

⚑ 活动之前

★ 提醒玩家学会礼貌地拒绝他人，不要说"呃，这真恶心"或者"什么？你疯了！"。我们可以说"我不同意，我喜欢这个……"或者"我有一个不同的意见……"。

⚑ 活动规则

★ 一名玩家提出一个"你喜欢……？"的问题。玩家可以自己想问题，也可以使用以下问题：
  - 你喜欢吃西蓝花还是胡萝卜？
  - 你喜欢打棒球还是画画？
  - 你喜欢做一名牙医还是老师？
  - 你喜欢玩桌游还是去室外玩？
  - 你喜欢骑自行车还是游泳？
  - 你喜欢住在外太空还是海底？

★ 第二名玩家做出回答。

★ 第一名玩家可以说"我同意，我也这样选"或者说"我不同意，我喜欢……"。

★ 然后，第二名玩家提出一个"你喜欢……？"的问题，第三名玩家做出回答。

🚩 反思与展望

★ 我们可以与别人意见不一致或者喜欢不同事物吗?
★ 与他人有不同的爱好和兴趣,这是一种特殊情况吗?
★ 如果他人与你意见不一致,你感觉怎么样?他们是怎样表达的?
★ 别人反对你的方式会如何影响你的感受?

  尊重个体差异,是成为好朋友的要素之一。让孩子们倾听朋友们解释自己的爱好和选择,也让孩子分享自己的爱好和兴趣,将帮助孩子们更好地意识到拥有不同爱好的人也能成为朋友。

先睹为快

有效使用描述性沟通，对于融入团队或群体十分重要。这有助于他人真正理解我们的意思，减少表达有误或产生误解的发生概率。在本项活动中，孩子们将练习使用描述性沟通，向他人传达自己的观点。通过这项有趣的合作活动，他们还有机会练习听从指令和积极倾听。

年龄范围：	4岁以上
技　　能：	积极倾听、听从指令、沟通
所需材料：	积木
参与人数：	2人（或双数）
地　　点：	室内或室外

⚑ 活动之前

★ 与孩子们讨论下达清晰指令的重要性，提醒他们一次只能给出一个指令。

★ 向孩子们说明，积极倾听意味着我们必须排除干扰。玩家可能想要搭建自己的积木形状，但是他们必须舍弃自己的想法，听从同伴的指令。

⚑ 活动规则

★ 在活动开始前搭建积木结构，并且要避免让其他的玩家看到。

★ 给一名玩家一组积木，这组积木应该和提前搭建使用的积木一致，也可以有更多的积木。

★ 另一名玩家获得"先睹为快"的机会，可以看一次搭建好的积木结构。您可以决定他能够看多长时间（根据玩家的年龄，控制在30～90秒内）。

★ 然后，"先睹为快"的玩家向拥有积木的玩家描述积木结构。

★ 拥有积木的玩家根据描述搭建积木，只有他有权利搭建积木。

★ 积木搭建完成后，与最初的积木结构进行比较。

⚑ 反思与展望

★ 两套积木结构有多相似？

★ 为什么你觉得它们相似或者不够相似？
★ 什么因素帮助你（积木搭建者）专注于指令内容？
★ 下达指令的难点和容易之处是什么？为了帮助搭建者搭建出正确的积木结构，你是否调整了下达指令的方式？

哑谜游戏

有趣的表演性游戏帮助孩子练习使用非语言信号和肢体语言来表达情感。通过留心观察,孩子们能够感知面部表情、身体姿态和动作与情绪的关联,从而识别他人的情绪。

年龄范围:	5岁以上
技　　能:	非语言信号、肢体语言
所需材料:	带有情绪词汇(拼音)的指示卡片(例如"高兴""悲伤""尴尬""紧张""害怕""惊讶""生气""沮丧""恼怒"等),将卡片放在一个碗里或袋子里
参与人数:	3人以上
地　　点:	室内、室外或视频聊天

⚑ 活动之前

★ 与孩子们讨论判断他人感受的方法。我们能够从他人的面部、肩膀、坐立或者行走的方式中,得到哪些提示?

★ 提醒孩子们,人们如何不说一句话,只利用面部表情或肢体语言就准确地传达出情绪。

⚑ 活动规则

★ 玩家轮流担任表演者。

★ 表演者从碗中或者袋中抽出一张带有情绪词(拼音)的指示卡片。(有的玩家可能需要别人帮助来读出情绪词。)

★ 表演者使用非语言沟通方式表演出情绪。

★ 另一名玩家尝试猜测情绪。

★ 玩家猜完情绪之后,分享什么时候体验过这种情绪。

🚩 反思与展望

★ 你容易猜出哪种情绪？哪些肢体语言给你做了提示？

★ 你很难猜出哪种情绪？你将来会寻找哪些肢体语言提示？

★ 有没有一个时刻，你一看到某个人，就注意到他的情绪？发生了什么？

老鼠、猫头鹰和熊

本项活动有助于孩子们理解被动、激进和坚定沟通的区别。您可以利用这项活动，与孩子们讨论说话方式对他人的影响。

年龄范围：	5岁以上
技　　能：	沟通、坚定、音量
所需材料：	无
参与人数：	1人以上
地　　点：	室内或室外

⚑ 活动之前

★ 谈论沟通的不同类型。您可以将每种类型比作一种动物。

沟通类型	定义	外在表现
被动沟通（像一只老鼠）	被动沟通指的是我们与他人说话的方式或者我们的肢体语言表明，我们不认为自己的需求比他人的需求重要。	"噢……那好吧；我们可以按你的意思来做。" "嗯，好的，我猜……"
坚定沟通（像一只猫头鹰）	坚定沟通指的是我们与他人说话的方式或者我们的肢体语言表明，我们认为自己的需求与他人的需求同等重要，他人的需求也与自己的需求同等重要。	"事实上，我对此感到不太舒服。" "我们能谈一下怎样做到公平游戏吗？" "请不要再这样做了。我不喜欢你碰我。" "能让我也来一次吗？"
激进沟通（像一头熊）	激进沟通指的是我们与他人说话的方式或者我们的肢体语言表明，我们认为自己的需求比他人的需求重要得多。	"我要按我的方法来做！" "别挡着我！" "把它给我！轮到我了！"

⚑ 活动规则

★ 玩家全部站好。
★ 家长讲一些带有被动、坚定和激进沟通特点的句子。您可以从"活动之前"的表格中找句子，也可以自己想一些句子。
★ 玩家用肢体语言展示家长使用了哪种沟通方法：
  · 被动的老鼠：玩家将身体缩成一团，发出吱吱声。
  · 坚定的猫头鹰：玩家缓缓蹲下，挥动手臂，模仿猫头鹰的翅膀。他们可以用正常的音量，发出短促的鸣叫声。
  · 激进的熊：玩家将手举过头部，像熊一样吼叫。
★ 家长继续说出不同的句子，让玩家练习判定不同类型的沟通。

⚑ 反思与展望

★ 当我使用被动沟通时，你感觉怎么样？
★ 当我使用坚定沟通时，你感觉怎么样？
★ 当我使用激进沟通时，你感觉怎么样？
★ 为什么有些人使用被动沟通？
★ 为什么使用坚定沟通很重要？
★ 为什么有些人使用激进沟通？

聊天表情

在所有社交场合使用合适的音调至关重要。这个有趣的表情游戏能够帮助孩子们了解不同的情绪怎样影响音调。您可以利用本活动帮助孩子们思考在强烈情绪下他们的声音是什么样子，以及他人可能怎样回应。

年龄范围：	5岁以上
技　　能：	沟通、音调
所需材料：	带有表情符号或情绪表情的卡片（例如高兴、悲伤、生气、害怕、愚蠢等）
参与人数：	2人以上
地　　点：	室内或室外

⚑ 活动之前

★ 浏览卡片上的表情符号或情绪表情。在活动前，让孩子们练习在不同的情绪下应该使用哪种音调说话。

⚑ 活动规则

★ 给每名玩家一张表情符号卡片或者带有情绪表情的卡片。
★ 用正常的音调念出下列句子：
  - 我需要跟你谈谈。
  - 我需要那块积木。
  - 我的衣服在哪里？
  - 你是不是拿了我的书？
  - 晚饭吃什么？
★ 然后，每名玩家使用符合手中的卡片上的表情符号或情绪表情的音调，重复上面的话。您可以选择是否让孩子们展示手中的卡片，或者是否让其他玩家来猜测情绪。
★ 当所有人尝试过之后，发给大家新的卡片，说新的句子。

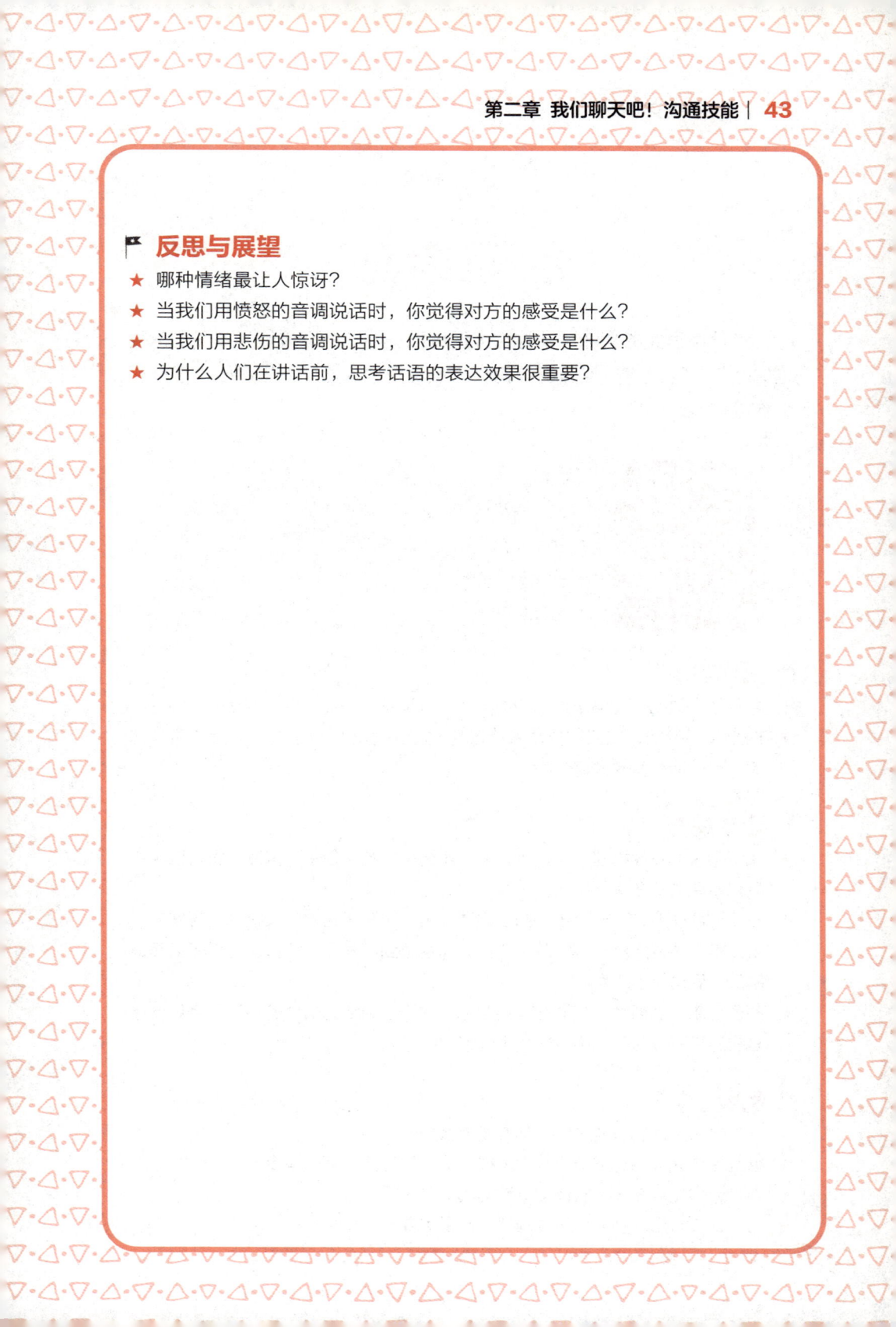

🚩 反思与展望

★ 哪种情绪最让人惊讶?
★ 当我们用愤怒的音调说话时,你觉得对方的感受是什么?
★ 当我们用悲伤的音调说话时,你觉得对方的感受是什么?
★ 为什么人们在讲话前,思考话语的表达效果很重要?

伙伴迷宫

这项迷宫类的趣味活动将大大促进孩子们的社交技能！孩子们需要通力合作，穿越家庭制作的迷宫，来锻炼有效沟通、积极倾听、信任和合作等技能。

年龄范围：	6岁以上
技　　能：	沟通、积极倾听、合作、请求说明
所需材料：	椅子、枕头、玩具、防撞条等
参与人数：	2人以上（双数）
地　　点：	室内或室外

⚑ 活动之前

★ 与孩子们讨论下达清晰指令的重要性，提醒孩子们每次只能给出一个指令。

★ 向孩子们说明，如果被要求蒙上眼睛或者后退走出迷宫的孩子没有听懂指令，可以请求再次说明。

⚑ 活动规则

★ 家长用家居物品搭建一个迷宫，可以用椅子、枕头在室内搭建，也可以用玩具和草坪椅子在室外搭建。

★ 孩子们两两合作。一个孩子蒙上眼睛，另一个孩子给出口头指令，帮助他走出迷宫。重要提示：有些孩子蒙上眼睛会感到不安全，您可以让孩子们睁着眼睛，后退走出迷宫。

★ 孩子们走出迷宫后，与同伴交换角色。由于之前给出指令的孩子已经见过迷宫的的样子，这时您可以略微改变迷宫的布局。

⚑ 反思与展望

★ 你在迷宫里撞到东西了吗？你感觉怎么样？

★ 哪些指令让你感觉很难理解？怎样让同伴下达更清晰的指令？

★ 为什么你觉得在没有听懂指令时提问十分重要？

★ 为什么你认为向别人下达清晰指令十分重要？

第二章 我们聊天吧！沟通技能 | **45**

安静排队

所有人安静地站成一排！在这个游戏中，孩子们只能使用非语言沟通的方法，根据给出的指令，自行组织排成队列。这项活动将鼓励孩子使用面部表情或肢体语言与他人沟通，同时也听取他人的暗示。

年龄范围：	6岁以上
技　　能：	非语言信号、合作
所需材料：	无
参与人数：	5人以上
地　　点：	室内或室外

活动之前
★ 与孩子们讨论：除了使用语言，还能采取什么方式沟通？

活动规则
★ 玩家站在一起。
★ 您要向玩家指出怎样列队，但是他们只能安静地自行组织队伍。例如，您可以说：
　· 按身高排队。
　· 按生日排队。
　· 按喜欢的颜色排队。
　· 按兄弟姐妹的数目排队。
★ 当玩家排好队后，让他们口头分享是怎样排队的，检查他们的顺序是否正确。

反思与展望
★ 这项活动难在哪里？
★ 在这项活动中，是什么让你大笑？
★ 你怎样使用面部表情来沟通？
★ 你怎样使用手势来沟通？
★ 除了语言，你还发现了哪些沟通的方式？
★ 你能想出一些需要使用非语言沟通的场合吗？

数字游戏

这个合作游戏十分考验孩子们的积极倾听能力和耐心程度。孩子们将通过合作来练习如何在一种模式下的合作实践中接收他人的肢体语言信号。

年龄范围：	7岁以上
技　　能：	积极倾听、肢体语言
所需材料：	无
参与人数：	5人以上
地　　点：	室内或室外

▶ 活动之前

★ 这是一项充满小心机的游戏！在游戏前，您需要向孩子们深入地讲解活动规则，让他们提出问题，以便进一步说明规则。

★ 讲解非语言沟通的方式，或者我们不说一句话与他人沟通的方式，这可能包括面部表情、我们移动身体或摆姿势的方式。例如：

　· 皱眉头是一种非语言沟通的方式，它让我们知道有人感到伤心或不安了。

　· 扬起眉头、张大嘴巴是一种非语言沟通的方式，它让我们知道有人感到惊讶了。

★ 让玩家谈论怎样感知他人即将说出数字：他们的面部表情是什么样的？他们的身体看起来是什么样的？

★ 与玩家讨论怎样处理因必须重新开始而产生的沮丧感。为了保持游戏的趣味性，他们应当说些什么或做些什么？

▶ 活动规则

★ 所有玩家围成一个圆圈。

★ 游戏的目标是一起从1数到30，每位成员一次只能说出一个数字。其他规则如下：

　· 禁止两名玩家同时说出同一个数字。

- 每名玩家至少说一个数字。
- 一名玩家不准说出两个连续的数字。
- 游戏团队不准规定数数的顺序（例如，游戏团队不准说："我们按顺时针的顺序来数吧。"）。
- 如果两名玩家同时说出同一数字，团队必须重新从1开始数。

★ 当团队成功地一起从1数到30时，游戏结束。

🚩 反思与展望

★ 当你与他人同时说出相同的数字时，你是什么感受？
★ 你是怎样处理沮丧感的？
★ 什么面部线索让你知道别人要说出一个数字？
★ 什么身体线索让你知道别人要说出一个数字？
★ 你使用了什么合作策略，帮助自己更好地理解非语言沟通或肢体语言？
★ 当你们最终数到30的时候，你的感受是什么？

听口令折纸

拿起几张纸，耐心地开始这项听力活动吧！孩子们将仔细地听口头指令，创作美丽的折纸作品。本活动有助于锻炼孩子们的积极倾听（以及注意细节）的能力。

年龄范围：	7岁以上
技　　能：	积极倾听
所需材料：	方形纸
参与人数：	1人以上
地　　点：	室内

⚑ 活动之前

★ 在网上搜索适合向孩子口头说明的简单折纸活动。以下两个网站是不错的选择：www.origami-fun.com orgami-for-kids.html

★ 向所有的参与者说明他们需要仔细听指令。让他们明白，如果他们在折纸的过程中感到一丝不确定，这是正常的感受。他们需要尽力按照对指令的理解完成折纸。

★ 您可以在活动开始前自己先做一份折纸，以便孩子们后期进行对比。

⚑ 活动规则

★ 给每位参与者一张方形纸。

★ 如果有一个以上的孩子参与活动，您需要让他们坐下来，以防他们看到别人的折纸。

★ 逐步讲解折纸的步骤，但是不要亲自展示折纸的方法。

⚑ 反思与展望

★ 在活动过程中，你有什么感受？

★ 看一看其他人的折纸。它们看起来一样吗？为什么你觉得它们不一样？

★ 这项活动的难点是什么？
★ 你认为应该怎样使这项活动简单一些？
★ 你认为沟通仅仅与语言有关吗？还有哪些重要因素？

　　向孩子们说明，沟通不仅涉及语言，还涉及人们的行为。观察他人的身体、面部和动作，有助于我们更好地理解他们刚刚说的话。然后，要求孩子们看着指令重新折纸。他们可以参考别人的折纸进展，一起来完成折纸工作。

第二章 我们聊天吧！沟通技能 | 51

第三章

注意听！积极倾听技能

什么是积极倾听？

积极倾听指的是将注意力集中于说话者的沟通行为，并排除打断讲话或插话等意图的过程。积极倾听是一种正念技巧，需要人们在生理上和精神上将全部的注意力集中于说话者。具备积极倾听能力的人会尝试完全理解别人，然后再做出回应。

积极倾听看起来和听起来是什么样的？

对于年幼的孩子来说，积极倾听需要他们进行自我控制和自我管理。孩子们需要让身体冷静下来，倾听说话者的语言。对于年龄大一些的孩子来说，锻炼积极倾听技能还可能包括练习排除杂念、积极思考对方正在说的话。积极倾听的外在表现如下：

- ★ 身体平静
- ★ 目光注视着说话者
- ★ 不时地点头，表示你在倾听
- ★ 倾听之后，选择服从指令，或者提出疑问，明确指令
- ★ 当他人在讲话时，排除杂念

用儿童理解的语言解释积极倾听的含义

您可以这样向孩子解释积极倾听的含义：

当别人在讲话时，你想理解他们传递的信息，就可以使用积极

倾听技能，关注他们所说的话，并且只听他人讲话，将所有的精力和注意力都集中于倾听他人讲话上。为了达到这一目的，我们需要保持身体静止、冷静，在别人讲话时，目光注视着他们，思考他们说的话。如果有必要，之后我们可以提出一个问题，来让自己更好地理解他们的话。

积极倾听技能为什么重要？

积极倾听有助于孩子应对学校环境、处理友谊等。孩子们在不同的场景中接收各异的信息，人们期待他们使用这些信息进行工作或者展示技能。掌握积极倾听的能力，学会遵循指令，对孩子们在课堂和课外活动中的表现十分重要。积极倾听还有助于孩子提高共情等其他社交能力。当孩子们积极倾听他人，而非想着要如何判断和批评他人时，他们便能够更好地感受和理解他人的观点和经历。

儿童使用积极倾听技能的时机和地点

在家中，当家长对孩子做家务或处理日常事务给出指示的时候，孩子们会使用积极倾听技能。当一位朋友分享昨天的糟糕经历时，孩子们也会积极倾听并关切地回应。在学校里，孩子们会积极地听老师讲课，理解和处理信息，并通过提问深化理解。在课外活动中，当教练或队长发出号令，要求他们练习新技巧的时候，他们也会积极倾听。

本章预览

在本章中，您将会看到锻炼孩子积极倾听、接收指令的游戏和活动，有些是适合在家中进行的静态、常规性活动，有些则是适合与邻居家的朋友一起进行的趣味体育活动。

倾听示范

您可以在宝宝学会口语对话之前，向他们示范轮流讲话的技巧和积极倾听的过程。在宝宝活跃、爱讲话的时候，进行这项活动，向他们展示怎样做一个积极的倾听者。

年龄范围：	1～2岁
技　　能：	积极倾听
所需材料：	无
参 与 人：	幼儿、看护人
地　　点：	室内或室外

⚑ 活动规则

★ 当您的宝宝非常活跃时（发出想要沟通和参与的声音、做出相应的动作或其他尝试），开始进行对话。

★ 用眼神沟通，点头并回应他们的声音和动作，就像他们在和您说话一样，您可以说：
  - 哇，真的吗？这是真的吗？
  - 我真不敢相信！谢谢你告诉我！
  - 接下来发生了什么？我等不及要听了！

★ 即便孩子还不会用语言沟通，或者还不会叙述，您的关注、眼神和回应将为他们示范对话的流程，构建联系和安全感，赋予他们保持沟通的信心。

⚑ 反思与展望（写给看护人）

★ 我的宝宝是怎样与我沟通的？
★ 我的宝宝是怎样回应我的倾听和沟通的？

一步指令

即便是最小的家庭成员也可以练习积极倾听技能!您可以在孩子适当的发展阶段,向他们发出"一步指令",鼓励他们积极倾听和听从指令。

年龄范围:	1~2岁
技　　能:	积极倾听
所需材料:	各种物品
参　与　人:	幼儿、看护人
地　　点:	室内或室外

⚑ 活动规则

★ 给蹒跚学步的宝宝发出以下"一步指令":
  - 捡起球。
  - 把球给我。
  - 把你的杯子放在桌子上。
  - 把书放在书架上。

★ 当孩子完成"一步任务"之后,充分地夸奖他们。您可以使用口头表扬和行动表扬,例如,拍着他们的后背说:"太感谢你把这个球给我了!"或者与他们击掌:"你太善于帮助别人了!谢谢你把杯子放在桌子上!"

⚑ 反思与展望(写给看护人)

★ 孩子们容易听从哪种一步指令?
★ 孩子们不易听从哪种一步指令?
★ 我们还可以找到哪些练习机会?

厨师长，注意听！

听从指令在任何地点都是必备技能。选择一些适合孩子的菜谱和配料，让孩子扮演厨师长，在您的指导下制作一道美味佳肴。

年龄范围：	3岁以上
技　　能：	积极倾听、听从指令
所需材料：	适合孩子的菜谱、菜谱配料、厨房用具
参与人数：	1~2人
地　　点：	室内

⚑ 活动之前

★ 向孩子讲解厨房安全规则。提醒孩子需要在本活动过程中积极倾听，也就是说，他们需要仔细听家长的指令，才能做出自己想要的菜。

★ 根据孩子的发展阶段，考虑以下菜谱：

年龄	菜谱建议
3~4岁	火鸡奶酪卷 酸奶冻奶糊
5~6岁	花生酱和果酱三明治 火鸡肉蔬菜卷
7~8岁	花生酱和香蕉三明治 免烤蛋白球 火鸡奶酪皮塔饼

⚑ 活动规则

★ 选择一个适合孩子的食谱，向孩子发出多个一步指令，让他们拿出必需的配料、工具等。

★ 然后，向孩子发出多个一步指令，让他们制作菜肴。

★ 以下是一个比较简单的"一步指令"范例，适用于5岁以上的孩子：

- 从食品储藏间拿出面包。
- 从架子上取下花生酱。
- 从冰箱里拿出果酱。
- 从橱柜里拿出一个盘子。
- 打开面包袋子。
- 拿出两片面包。
- 把两片面包并排放在盘子上。
- 从抽屉里拿出一把保证安全的儿童抹刀。
- 拿掉花生酱的盖子。
- 用刀从罐中取一些花生酱。
- 把花生酱抹在一片面包上。
- 去除果酱的盖子。
- 用刀从罐中取一些果酱。
- 把果酱抹在另一片面包上。
- 拿起带有果酱的面包片。
- 把它放在带有花生酱的面包上,让果酱和花生酱在中间融合。
- 拿起面包,咬一口!

⚑ 反思与展望

★ 你觉得自己做饭怎么样?
★ 你能跟上指令吗?
★ 你接下来想做什么食物?

　　本项活动一开始,厨房里的一切可能变得乱糟糟的,但是请您不要急于用毛巾擦掉污渍!坚持让孩子不断尝试本活动,争取获得成功,有助于孩子发展能力、自力更生。当孩子们在某一领域取得成功时,他们会相信自己在其他领域也能取得成功,就会更愿意尝试新任务,挑战有难度的任务。所以,虽然厨房一时看起来比较乱,但坚持让孩子做下去,直至成功,您的付出会迎来回报,孩子们会变得更有创意、有毅力!

58 | 敢主动社交的孩子

行动关键词

在本活动中，孩子们将听一个故事，并从中寻找关键词，做出相应的肢体动作。他们将会同时使用积极倾听和自我控制技能。

年龄范围：	3岁以上
技　　能：	积极倾听、自我控制
所需材料：	无
参与人数：	1人以上
地　　点：	室内或室外

⚑ 活动之前

★ 向孩子讲解怎样积极倾听他人谈话，告诉他们在活动时也可以做到积极倾听。例如，他们需要排除杂念，看着讲话的人，认真倾听讲话。让孩子集中注意力，以免漏掉关键词。

⚑ 活动规则

★ 玩家分散站立。

★ 玩家在个人空间内一起做出一些由你决定的动作。他们可以在空间内慢跑、举起手臂、抬高小腿等。

★ 家长朗读下面的故事，可以在句子之间停顿，以便玩家做更多的动作。

嗨，你好！我的名字是青蛙麦克斯威明顿·弗朗辛·露易丝·芭芭拉·霍普托普。我在湖边出生，所有的孩子都喜欢在那里游泳。他们从车里跳出来，跑到湖边，跳进湖里，水花四溅！紧接着，他们开始游泳，游啊游啊，一边在湖里玩，一边大声欢笑。孩子们从湖里跳出来，又跳进去，再次游起来。当他们感到饥饿的时候，他们会从水里钻出来，坐在野餐毯子上吃零食。这下轮到我游泳了！我从一片浮叶上跳到另一片浮叶上，直到跳进水里。我游啊游啊，整个湖面归我所有！孩子们有时看着我跳跃，他们也想尝试一下，于是他们在岸上跳跃，假装自己是青蛙。虽然他们看起来有点儿蠢，但是我喜欢看着他们跳跃。孩子们吃完零食后，会再次跳回水里游泳！我看准时机跳上岸。我喜欢看他们游泳！

★ 在讲故事的过程中，每当家长提到"游泳"时，玩家需要改变动作，挥动手臂，做出游泳的姿势。每当提到"跳"这个字时，玩家要改变动作，跳跃起来。

🚩 **反思与展望**

★ 这项活动的有趣之处在哪里？
★ 当你漏掉关键词的时候，发生了什么？
★ 你采取了什么策略来帮助自己仔细听关键词？
★ 你发现还有什么时候应该仔细倾听，以免漏掉指令？

展示与讲述

本活动鼓励孩子们分享一件特殊的物品，这是大家十分熟悉的活动。孩子们将与他人分享一件自己最喜欢的、有意义的物品，然后听别人分享他们最喜欢的物品。他们将利用这个机会练习向别人提出释疑或有意义的问题。大家可以面对面，或者与远方的朋友、家人视频聊天，完成本项活动。

年龄范围：	3岁以上
技　　能：	积极倾听
所需材料：	有个人意义的物品
参与人数：	2人以上
地　　点：	室内、室外或视频聊天

⚑ 活动之前
★ 向孩子们讲解积极倾听者的样子：保持身体静止，与说话者保持眼神沟通，不时点头，表示自己在倾听。提醒孩子们，如果在倾听时希望获取更多信息，他们可以提出问题。

⚑ 活动规则
★ 参与者轮流向他人描述一件有个人意义的物品。
★ 当一人分享的时候，其他人应该认真倾听。
★ 当一人分享结束后，给每个孩子或家庭成员至少一次提问的机会，他们可以就刚刚分享的物品进行询问。
★ 继续分享，直到每个人都分享了一次。

⚑ 反思与展望
★ 这项活动的哪个环节让你很喜欢？
★ 你怎样做一名积极倾听者？
★ 通过这项活动，你对某个之前不认识的人有了什么样的了解？
★ 成为一名积极倾听者，将怎样帮助我们与周围的人更亲近？

浮萍小曲

在这个以运动为基础的趣味游戏中，孩子们将会伴随音乐锻炼积极倾听技能。当孩子们跳来跳去时，他们还要使用自我控制技能来确保自己和他人的安全。

年龄范围：	3岁以上
技　能：	积极倾听、自我控制
所需材料：	"浮萍"（标记空间的物品，比如毛巾、抱枕、枕套等）、音乐
参与人数：	5人以上
地　点：	室内或室外

⚑ 活动之前

★ 向孩子们讲解规则，展示怎样安全地从一片浮萍上跳到另一片浮萍上。提醒玩家尽量避免碰到他人。

★ 与孩子们讨论怎样在游戏中进行积极倾听。

⚑ 活动规则

★ 将浮萍（毛巾、枕头或其他物品）摆成一个圆圈，确保浮萍数量不少于玩家人数。

★ 玩家蹲在各自的浮萍上。

★ 播放轻音乐。不要播放吵闹的音乐，因为游戏的目的是让玩家成为认真的倾听者。

★ 当音乐开始时，玩家像青蛙一样，沿着圆圈跳跃。

★ 音乐播放期间，家长移走圆圈中的一片浮萍。

★ 音乐终止时，玩家停止跳跃。

★ 没有获得浮萍的玩家将"蹚水走进池塘"，在圆圈中心等待。

★ 游戏一直进行到只剩下一只青蛙！

🚩 反思与展望

★ 你在跳跃的时候,能听到音乐停止吗?

★ 你没有听到音乐的时候,发生了什么?

★ 是否曾经需要你在玩耍时去听什么声音?为什么掌握这一技能十分重要?

倾听，行动

家长做某件事时下指令要求孩子做另一件事，可以测试孩子的积极倾听技能。这需要孩子们排除干扰，积极倾听话语。

年龄范围：	4岁以上
技　　能：	积极倾听、听从指令
所需材料：	无
参与人数：	1人以上
地　　点：	室内或室外

⚑ 活动之前

★ 向孩子们说明积极倾听需要排除干扰。家长的行动与下达的指令不一致，可能对玩家产生干扰，而玩家应该尝试排除这一干扰。

★ 在游戏前，您可以让玩家分享排除干扰的方法，或者直接观察他们自行采取了哪些排除干扰的策略。

⚑ 活动规则

★ 玩家站在家长面前。

★ 家长下达口头的动作指令，比如：
　· 抬起右腿站立
　· 右脚单脚跳
　· 摸摸你的鼻子
　· 转圈
　· 揉揉你的肚子
　· 做五次开合跳
　· 跳三次

★ 需要注意的是，家长在口头下达动作指令时，要同时做出不同的动作。比如，当说"用左脚跳"时，家长可以做三个弹跳。

★ 玩家需要听从口头指令，不要模仿家长的动作。

★ 为了让游戏更有竞争性，没有听从口头指令而是模仿家长动作的玩家将被淘汰。看一看谁是最后的赢家！

⚑ 反思与展望

★ 你使用了什么策略来排除我的动作干扰，将注意力集中在我的语言上？
★ 你还会在什么情况下使用这种策略？

倾听，思考，行动

本活动是一个简单的声音指令游戏，有助于检测孩子们的积极倾听技能。家长可通过拍一次手、拍两次手，或者拍三次手向孩子发出行动指令。本活动需要孩子充分接收声音信号，排除外部干扰。

年龄范围：	4岁以上
技　　能：	积极倾听、听从指令
所需材料：	纸张和记号笔（可选）
参与人数：	1人以上
地　　点：	室内或室外

⚑ 活动之前

★ 设定好声音指令，规定好每种声音代表的动作。家长可以和玩家一起设定，也可以自行设定。在游戏开始前，检查和练习几次规定动作。

★ 向孩子们说明，他们需要积极倾听才能完成游戏。玩家需要仔细地听辨声音指令，做出动作。

⚑ 活动规则

★ 玩家站在家长面前。

★ 家长发出声音指令，例如拍手、打响指或跺脚，来指示玩家做动作。例如：
  · 拍一次手＝跳一次
  · 拍两次手＝将手举过头顶，拍四次
  · 拍三次手＝原地慢跑

★ 玩家需要看或听声音指令，获得行动的信号。（如果需要，您可以将每种声音代表的动作写下来，供玩家参考。）

★ 为了增加游戏的竞争性，家长可以淘汰做错动作的玩家。看一看谁是最后的赢家！

⚑ 反思与展望

★ 你使用了什么策略来帮助自己接收声音指令？

★ 你还会在什么情况下使用这种策略？

前十名

了解别人，了解他们的兴趣、爱好和故事，是发展社会关系的重要环节。在本项活动中，孩子们将练习仔细倾听别人的爱好，然后测试自己的记忆力。

年龄范围：	4岁以上
技　　能：	积极倾听
所需材料：	纸张和铅笔（可选）
参与人数：	2人以上（双数）
地　　点：	室内、室外或视频聊天

⚑ 活动之前

★ 与孩子们谈论怎样成为一名积极倾听者。例如，他们需要排除杂念，看着他人的脸，倾听他人讲话，思考他人说的话。

★ 提醒孩子可以提问，这有助于记住他人的讲话内容。

⚑ 活动规则

★ 给玩家一个话题类别。您可以选择以下话题，或者自行设计话题：
  · 冰激凌口味
  · 水果
  · 电视剧
  · 电视人物
  · 电影
  · 游戏

★ 每个玩家想出他们最喜欢的前十名（如果您是和幼童玩这个游戏，可以列出前五名）。如果孩子们愿意，他们可以把自己的选项写在纸上。

★ 一名玩家与同伴分享他的前十名列表。

★ 同伴向其他玩家复述列表上的内容。

★ 看一下他能记住多少，然后交换角色，继续玩游戏。

🚩 反思与展望

★ 你能记住多少内容?

★ 当你的列表上有类似内容时,是否让你更容易记住?

★ 你尝试了哪些积极倾听策略?

★ 为什么你认为在他人讲话时积极倾听十分重要?

搭积木

在本活动中，孩子们通过下达搭建积木的清晰指令，练习有效沟通技能。当他们听从他人指令时，还可以锻炼积极倾听技能。

年龄范围	4岁以上
技　　能	积极倾听、听从指令、沟通
所需材料	积木（玩家的积木类型、数目和颜色都相似）、遮挡积木的物品（比如一个盒子、一个放在桌子上的画架或其他类似物品）
参与人数	2人以上
地　　点	室内或室外

⚑ 活动之前

★ 向孩子们讲解下达清晰指令的重要性。提醒孩子们每次只能下达一个指令。

★ 向孩子们说明，积极倾听需要排除干扰。玩家可能想自己搭积木，但是他们需要按规定排除自己的创意，严格听从队长的指令。

⚑ 活动规则

★ 给每名玩家一组相似的积木。
★ 指定一名玩家担任队长。
★ 队长在遮挡物后面搭建自己的积木，避免其他玩家看到。
★ 队长在搭积木的同时，要描述他们在搭什么，向其他玩家下达指令，来搭建同样的积木结构。
★ 其他玩家一边听指令，一边尝试搭建类似的积木结构。
★ 当所有人搭建完成后，揭晓队长的积木。然后将队长的积木与其他玩家的积木进行对比，观察两者的相似度。
★ 交换角色，继续游戏。

⚑ 反思与展望

★ 你搭建的积木看起来与队长搭建的相似吗？

- ★ 为什么你觉得玩家的积木和队长的积木相似/不太相似？
- ★ 什么能够使你集中注意力来听从指令？
- ★ 怎样使这项活动简单一些？
- ★ 当我们再次尝试的时候，游戏有没有变简单？为什么你会有这样的观点？

跺脚、跺脚、眨眼

本活动锻炼的是肢体语言。孩子们不仅需要模仿队长的动作，还需要更认真一点儿——队长将眨一下眼睛，把指挥权转移给别人。孩子们将在本活动中锻炼积极倾听技能和肢体语言的感知技能。

年龄范围：	4岁以上
技　能：	积极倾听、沟通
所需材料：	无
参与人数：	4人以上
地　点：	室内或室外

🚩 活动之前

★ 向孩子们讲解积极倾听的方法，让他们懂得人们甚至可以一边活动一边积极倾听。比如，可以排除杂念，看着对方的脸，关注对方的动作。告诉孩子需要集中注意力，以免看不到他们眨眼。

🚩 活动规则

★ 玩家站成一个圆圈，其中一名玩家担任队长。
★ 其他玩家需要模仿队长的动作。队长可以跺脚、跳跃、跳舞或者简单地挥动手臂。队长只能在自己的空间里活动。
★ 在活动过程中，队长将向另一名玩家眨眨眼睛，把指挥权转移给他。
★ 当另一名玩家看到眨眼时，他将成为队长，并开始做动作。
★ 将指挥权转出的玩家，需要模仿新队长的动作。
★ 其他玩家需要注意到有一名玩家成为新队长了！
★ 继续游戏，直到每名玩家都有机会成为队长。

🚩 反思与展望

★ 你是否曾经向别人眨眼，但是他没有意识到自己成为新队长？发生了什么？
★ 你采取了什么策略来确保自己看到眨眼的信号？

我说，你说

了解他人的生活是人际关系的基础。在本活动中，孩子们将同时练习分享自己的故事和倾听他人的故事。

年龄范围：	5岁以上
技　　能：	积极倾听
所需材料：	无
参与人数：	2人以上
地　　点：	室内、室外或视频聊天

⚑ 活动之前

★ 向孩子们讲解积极倾听者的样子：他会保持身体静止，与说话者保持眼神沟通，不时点头，表示自己在倾听。

⚑ 活动规则

★ 为玩家选择一个话题，例如最好的回忆、最爱的一天、最有趣的生日等。
★ 一个孩子讲述一个符合话题的故事，并需要描述大量细节。
★ 第一个孩子讲完故事后，邀请另外一个孩子复述刚刚听到的故事。
★ 第二个孩子复述完故事后，询问第一个孩子刚才的复述是否准确。
★ 然后，再请第三个孩子讲述自己的故事。继续游戏，直到所有的孩子都有机会讲故事和复述故事。

⚑ 反思与展望

★ 当他人讲述你的故事弄错了一个细节时，你有什么感受？
★ 当他人讲述你的故事所有的细节都讲对了时，你有什么感受？
★ 为什么在他人分享人生故事的细节时积极倾听十分重要？

接龙游戏

讲故事时间到了……但是反转来了！孩子们将一起接龙合作，创作一个故事。他们需要充分使用积极倾听技能，确保中途轮到自己的时候，成功接上故事。

年龄范围：	5岁以上
技　　能：	积极倾听
所需材料：	无
参与人数：	4人以上
地　　点：	室内或室外

⚑ 活动之前
★ 与孩子们谈论怎样成为一名积极倾听者。例如，他们需要排除杂念，看着他人的脸，倾听他人讲话，思考他人说的话。
★ 提醒孩子们，他们需要聚精会神才能跟上思路，创作出一个优秀的故事。

⚑ 活动规则
★ 玩家围坐在一起。
★ 一名玩家开始讲故事。他会一直讲，直到家长喊停。
★ 当家长喊停的时候，讲故事的孩子要立即停止，哪怕话只说到一半。
★ 坐在他左边的玩家将会从这里接龙，继续讲故事，哪怕前一名玩家的话只说到一半。
★ 继续这样做，直到每个孩子都有机会接龙，或者直到故事创作完毕。创作完毕指的是故事至少能讲得通。

⚑ 反思与展望
★ 我们的故事讲得通吗？
★ 你使用了什么策略帮助自己接收故事的信息，集中精力进行故事接龙？

说出你的最爱

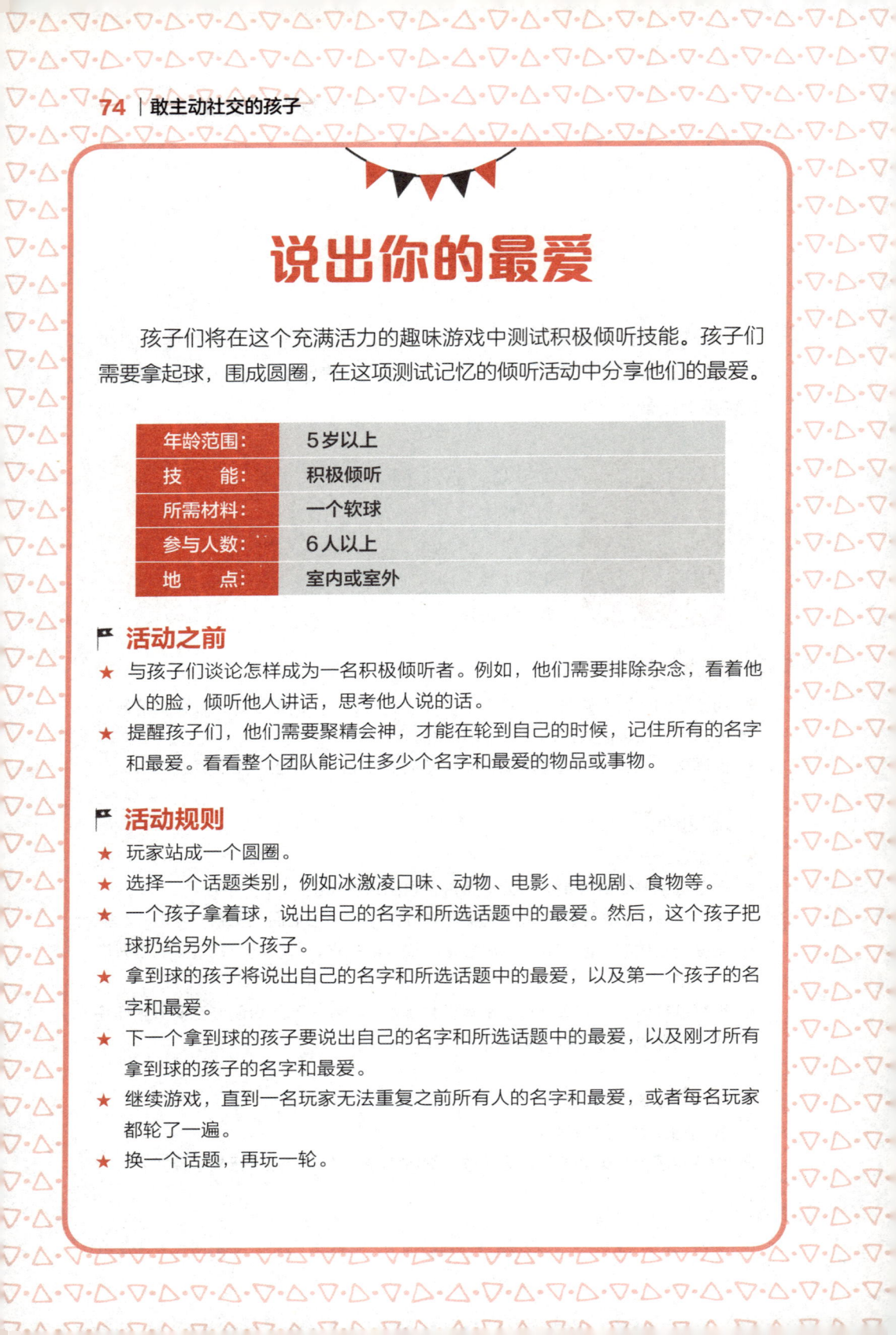

孩子们将在这个充满活力的趣味游戏中测试积极倾听技能。孩子们需要拿起球,围成圆圈,在这项测试记忆的倾听活动中分享他们的最爱。

年龄范围:	5岁以上
技 能:	积极倾听
所需材料:	一个软球
参与人数:	6人以上
地 点:	室内或室外

⚑ 活动之前

★ 与孩子们谈论怎样成为一名积极倾听者。例如,他们需要排除杂念,看着他人的脸,倾听他人讲话,思考他人说的话。

★ 提醒孩子们,他们需要聚精会神,才能在轮到自己的时候,记住所有的名字和最爱。看看整个团队能记住多少个名字和最爱的物品或事物。

⚑ 活动规则

★ 玩家站成一个圆圈。

★ 选择一个话题类别,例如冰激凌口味、动物、电影、电视剧、食物等。

★ 一个孩子拿着球,说出自己的名字和所选话题中的最爱。然后,这个孩子把球扔给另外一个孩子。

★ 拿到球的孩子将说出自己的名字和所选话题中的最爱,以及第一个孩子的名字和最爱。

★ 下一个拿到球的孩子要说出自己的名字和所选话题中的最爱,以及刚才所有拿到球的孩子的名字和最爱。

★ 继续游戏,直到一名玩家无法重复之前所有人的名字和最爱,或者每名玩家都轮了一遍。

★ 换一个话题,再玩一轮。

🚩 反思与展望

★ 你对大家的记忆力感到惊讶吗?

★ 哪个话题最简单?哪个话题最难?

★ 你使用了什么策略帮助自己成为一名优秀的积极倾听者?

左右传递

在本游戏中，孩子们将一边听故事，一边做游戏规定的动作，从而一边练习听从指令，一边练习积极倾听。

年龄范围：	5岁以上
技　　能：	积极倾听、听从指令
所需材料：	一件可以传递的小物品，例如一个球、一个小小的毛绒玩具等
参与人数：	3人以上
地　　点：	室内或室外

🚩 活动之前

★ 向有需要的新玩家说明左和右的方向。

★ 与孩子们讨论怎样成为一名积极倾听者。例如，他们需要排除杂念，看着他人的脸，倾听他人讲话，思考他人说的话。

★ 提醒孩子们，他们需要聚精会神，才能在正确的时间传递物品和准备好接收物品。

🚩 活动规则

★ 玩家围坐成一个圆圈。

★ 给一名玩家一件用来传递的小物品。

★ 大声念出下面的故事。

　　昨天，我正在为学校的拍照日寻找合适的裙子。我找到了最喜欢的恐龙裙子，上周我把它丢在地板上了。啊哦，我想，既然我把它丢在了地板上，它就不干净了。我不能穿这条裙子了。我把衣柜左边的抽屉打开。嗯，我想，这件不太合适。我继续寻找。那件也不太合适。那件也不太合适。万圣节裙子？不，它也不太合适。我心里想，我还能找到适合拍照日的裙子吗？等等，就在左下方的抽屉里，我想我发现了什么。这是我最喜欢的夏威夷裙子，在左侧口袋上方印着一块冲浪板。"这正是拍照日该穿的裙子！"我大声喊。我快速穿上裙子，跑下楼。"哇喔，这真是最完美的拍照日裙子，看起来正合适。"妈妈说。我离开家去上学，等不及去拍照了！

　　我走进教室，把东西放在我的桌子上。我和朋友在教室左边排队等待。我的老师哈瑞森女士经常犯傻，她设计了一个游戏，让我们在走廊里走路的时候玩。"今天，你们将成为在大厅中行军的战士，在队伍中行进！"她解释道，"战士们，让我们出发吧！左右左！左右左！左右左！左右左！左右左！"我们一边穿过大厅去拍照，一边咯咯地笑。我穿着这条正合适的夏威夷裙拍了照，脸上挂着最灿烂的微笑。我等不及看到照片冲洗出来了。我确信照片一定看起来不错！

★ 每次家长提到"右"的时候，手握传递物的玩家要把它传递给右侧的玩家。每次讲到"左"的时候，手握传递物的玩家要把它传递给左侧的玩家。

🚩 **反思与展望**
★ 某名玩家没有注意到关键词时发生了什么？
★ 你使用了什么策略帮助自己注意到关键词？
★ 你还需要在什么场合仔细倾听，以免漏掉指令？

背靠背，指导绘画

下达清晰的指令比听起来更难！在本项活动中，一个孩子将下达具体的、清晰的画画指令，同时另一个孩子使用积极倾听技能来画画。本项活动将使孩子有机会锻炼沟通技能、磨炼耐心。

年龄范围：	6岁以上
技　　能：	积极倾听、听从指令、冷静沟通
所需材料：	画板、空白纸张、铅笔、带有简笔画的卡片（例如画了一棵树、一只猫、一个雪人的卡片）
参与人数：	2人以上
地　　点：	室内或室外

⚑ 活动之前

★ 向孩子们讲解怎样给出清晰、冷静的一步指令。给孩子做出示范，范例如下："从桌子上拿起盘子。走到厨房。把盘子放在柜台上。打开洗碗机。拉出底层的架子。把盘子放在洗碗机底层的架子上。把架子推回去。关上洗碗机。"

★ 与孩子们讨论，如果需要更多时间来画要怎么说。与孩子们练习以下说法："请问你能慢一点儿吗？我还在画圆圈。好的，我现在画好了。"

⚑ 活动规则

★ 两名玩家背靠背而坐。一人画画，一人发出指令。

★ 画家要有一个带有空白纸张的画板和一支铅笔。

★ 指挥拿一张带有简笔画的卡片，给画家下达简单的一步指令，让他画出卡片上的图画。例如，指挥不能说"画一只猫"，而应该说："画一个圆。在圆的顶部加上两个小小的三角形。"

★ 本活动的目标是让画家的作品与指挥卡片上的简笔画相似。

★ 交换角色，使每名玩家都有机会扮演画家和指挥。

🏳 反思与展望

★ 当画家感觉怎么样?
★ 当指挥感觉怎么样?
★ 你在下次游戏中将采取哪些不同的做法?
★ 为什么冷静沟通十分重要?
★ 你怎样利用仔细倾听来帮助自己听从指令?

沟通是本项活动的关键所在。随着孩子们在教育和社交环境中不断成长,他们会遇到向他人发出指令和阐述观点的情况。本活动让孩子们练习放慢语速,充分、完全地阐述观点。本游戏中,孩子们需要在说话时照顾同伴的感受和需求,所以这个游戏还有助于培养孩子们的共情思考能力和合作意识。

第四章

我们在一起！合作技能

什么是合作？

简单来讲，合作指的是团队成员为了共同目标一起工作的能力。孩子们可以通过一系列有效的方式学习合作的重要技能，包括关注同伴的任务、进行合作性而非竞争性的游戏、成为团队的成员等等。

合作看起来和听起来是什么样的？

合作可以通过语言和行动表现出来，例如分享观点、基于他人的计划或者提出新的策略。其他合作形式还包括：

- ★ 一起工作，或者并肩工作
- ★ 提供反馈或提出建议
- ★ 分享资料
- ★ 为了共同目标而努力前进

用儿童理解的语言解释合作的含义

您可以这样向孩子解释合作的含义：

> 我们在与别人一起玩或者一起完成任务或工作的时候，需要互相帮助。当我们一起工作的时候，每个人都会感到任务简单多了！合作指的就是我们一起工作，互相帮助，完成目标。例如，当我们一起拼搭非常酷的乐高积木时，有人可能十分善于阅读提示、寻找积木，有人则十分善于拼搭积木。我们就这样互相支持，一起工作，

为了达到目标贡献自己的力量。我们还可能一起叠衣服，有人会叠短袖，有人会叠短裤。合作有助于我们完成任务！

合作技能为什么重要？

能够在团队中与人合作是一项必备的生活技能。让孩子们成为有价值的、思路开阔的团队成员，能够听取他人的意见、接受他人的反馈，有利于他们对团队做出有意义的贡献。在学校、体育场上，在课外活动中，以及成年之后，孩子们都会遇到需要和他人合作的情况。较早培养孩子的合作思维，有助于他们更加自信地与同伴或队友完成任务。当他人把孩子视为有价值的队员，认为他们能够完成所负责的工作时，孩子们会感受到来自社会的支持和与社会的联系。

儿童使用合作技能的时机和地点

孩子们会在家中使用合作技能，例如与兄弟姐妹共同完成家务，或者帮助家人管理户外花园。他们还会在社区使用合作技能，例如孩子们集合在一起，搭建一座大堡垒。在学校，孩子们每天都有机会参与有意义的团队任务，成为团队的一员。他们在许多团队任务中锻炼合作技能，例如集体打扫卫生。

本章预览

在本章中，您将会看到需要孩子合作完成的挑战、游戏和活动。在活动开始前，给孩子们一些时间，让他们一起计划和讨论方法。在制订计划的过程中，他们可以练习提出和接受建设性反馈。

建筑工人

在本项合作活动中,您需要与孩子轮流搭建积木,建造一座高塔。这项活动十分简单,甚至适用于幼龄儿童,帮助他们发展合作技能。

年龄范围:	1～2岁
技　　能:	合作
所需材料:	一堆积木
参 与 人:	幼儿、看护人
地　　点:	室内

⚑ 活动规则

★ 把所有的积木一分为二,给孩子一半,家长留一半。

★ 家长把一块积木放在中间,说:"我先来。"

★ 家长指着孩子的积木,说:"轮到你了,把一块积木放到塔上。"鼓励孩子只放一块积木。

★ 然后,家长说:"轮到我了!"再把一块积木放到塔上。

★ 家长说:"轮到你了!"然后鼓励孩子放一块积木在塔上。

★ 重复说出"轮到我了""轮到你了",直到您和孩子共同搭成一座高塔。如果高塔倒塌,你们需要重新开始!

★ 如果孩子多放了一块积木在塔上,您要说:"哦,不,这次轮到我了。"

★ 当孩子搭好一块积木后等你搭时,家长要充分地夸奖孩子。

⚑ 反思与展望(写给看护人)

★ 在本项活动中,我的孩子成功地按照轮流规则工作了吗?

★ 我们还可以使用哪些需要轮流的活动来发展合作技能?

第四章 我们在一起！合作技能 | 83

勇登救生船

这项团队活动需要一条床单或者毛巾。孩子们将尝试让所有人登上救生船,在活动中锻炼解决问题技能。

年龄范围:	3岁以上
技　能:	合作、解决问题
所需材料:	一条床单或者毛巾
参与人数:	3人以上
地　点:	室内或室外

⚑ 活动之前

★ 向孩子们讲解怎样与他人分享观点并提供支持。

★ 让孩子们谈一谈,如果别人触碰他们的身体,他们是否感到不舒服(为了所有人能够上船,他们可能需要抱在一起)。如果有人感到不舒服,提醒其他玩家在游戏中注意这一点。

⚑ 活动规则

★ 本活动的目标是所有人登上救生船。

★ 在地板上放置一条"救生船"(床单或毛巾)。

★ 玩家要全部坐在或站在船上,且手和脚不能触碰地面。

★ 一旦所有人成功登船,所有的玩家就下船。

★ 进行第二轮游戏之前,家长将"船"叠得小一些。您可以根据床单的尺寸折叠一部分或者对半折叠。

★ 所有的玩家将再次尝试登船。

★ 继续折叠床单,直到救生船无法承载所有的玩家。

⚑ 反思与展望

★ 当船变小时,发生了什么?

★ 你是怎样与他人分享观点的?

★ 你们合作得如何?

★ 当你在游戏中得到了他人的帮助时,你感觉怎么样?

第四章 我们在一起！合作技能 | **85**

划小船

本活动以运动为基础。您要和孩子一起合作划小船。这项简单的活动将鼓励孩子以一种互谅互让的方式合作玩耍。

年龄范围：	1～2岁
技　　能：	合作
所需材料：	无
参 与 人：	幼儿、看护人
地　　点：	室内或室外

⚑ 活动规则

★ 请您盘腿坐下，面向孩子。孩子不需要盘腿，他们可以舒服地伸开腿坐着。

★ 与孩子的手握在一起放中间。

★ 唱一首歌谣："划，划，划小船，慢慢顺着小溪划。开心点，开心点，开心点，开心点，人生好像一场梦。"

★ 唱的时候轻轻地前后摆动手臂，一人身体前倾，另一人身体向后仰，然后交换方向。在这项合作活动中，您需要和孩子一起动起来，让划船动作变得协调。

★ 重复多次，直到孩子不再感兴趣。

⚑ 反思与展望（写给看护人）

★ 孩子在这项合作活动中表现怎么样？他们掌握前后摇摆的要领了吗？

★ 您的孩子还喜欢什么合作活动？我们怎样更好地把这些活动融入日常生活？

你选，我选

分享、合作和自我控制是本活动的关键。参与他人喜欢或选择的活动是维持友谊的必要技能，有助于孩子们明白自己并不一直享有选择活动或游戏的机会。在本活动中，孩子们会面对许多可选择的玩具，他们将轮流为团队选择玩具，然后大家一起玩。

年龄范围：	2岁以上
技　　能：	合作、自我控制、尊重
所需材料：	一些孩子喜爱的玩具或游戏用具（例如积木、玩偶、拼图、磁铁玩具等）、计时器
参与人数：	2人以上
地　　点：	室内或室外

⚑ 活动之前

★ 让孩子们知道每个人都有选择的机会。

★ 向孩子们说明，他们可以一起玩篮子中的物品，没有人会落单。

⚑ 活动规则

★ 把所有的玩具或游戏用具放在一个篮子里。向孩子们解释清楚，团队中的每个孩子都有为大家选择玩具的机会。

★ 一个孩子从篮子中选择一件物品，然后所有孩子在规定时间内一起玩。您可以根据孩子的年龄，将时间控制在3～10分钟。

★ 把计时器（如果参与者是幼童，沙漏是个很好的选择）放在孩子的视线范围内。

★ 接近结束时，孩子们要把玩具或游戏用具收好。

★ 另外一个孩子为团队选择玩具，然后大家在同样的规定时间内一起玩玩具。

★ 继续游戏，直到每个孩子都有选择的机会。

🚩 反思与展望

★ 没轮到你选择的时候,你感觉怎么样?

★ 轮到你选择的时候,你感觉怎么样?

★ 和大家一起玩别人选择的玩具时,你感觉怎么样?

城市设计

在本项创意冒险中,孩子们将扮演城市设计师。他们将使用手边的手工用品设计一座城市。孩子们将在设计城市的过程中,锻炼创意思考能力以及解决问题和沟通的技能。

年龄范围:	3岁以上
技　　能:	合作、沟通、解决问题
所需材料:	绘画使用的胶带或粉笔、纸巾盒、厕纸筒、纸巾、纸张、蜡笔、剪刀、胶水、其他手工用品、玩具车、玩具小人
参与人数:	2人以上
地　　点:	室内或室外

▶ 活动之前

★ 向孩子们说明他们怎样一起完成这项任务。复习如何分享观点、给出反馈和礼貌地提出异议。

★ 向孩子们说明,他们为城市设计建筑时需要互相帮助。与孩子们讨论寻求帮助的方法,比如:
- 我想用厕纸筒给公园操场做一架滑梯,但是我无法让它竖立起来。请问你可以帮帮我吗?
- 我不知道怎样做一棵树……你有好的建议吗?
- 你认为我们应该把学校放在哪里?

▶ 活动规则

★ 在本项活动中,孩子们成为城市设计师,用手头的材料建造一座城市。例如:
- 用画画的胶带或粉笔绘制城市的道路。
- 用纸巾盒制作建筑物,用厕纸筒和绿色餐巾纸做树木,或者用纸张和剪刀建造大楼!在城市里放上玩具汽车和玩具小人。

★ 您可以给孩子列出在城市里要建的设施和建筑,例如一所学校、一家杂货店、一个公园、市政厅、十所房子，或者您所在城市的其他地标性建筑。

🚩 反思与展望

★ 你对自己建造的城市满意吗？
★ 你们是怎样进行团队合作的？
★ 你是怎样分享观点的？
★ 当你得到别人的反馈意见时，感觉怎么样？
★ 你是怎样处理问题的？

双人瑜伽

为了本项活动，铺开您的瑜伽垫吧！孩子们在进行双人瑜伽时分享做瑜伽姿势的感受以及需要同伴给予什么样的支持，这有助于他们较好地培养合作技能和沟通技能。另外，孩子可以通过这项活动提升心性、锻炼身体。

年龄范围：	3岁以上
技　能：	合作
所需材料：	双人瑜伽卡片或者展示儿童瑜伽姿势的网站
参与人数：	2人以上（双数）
地　点：	室内或室外

⚑ 活动之前

★ 向孩子们讲解瑜伽姿势，或者向他们展示网上的瑜伽姿势图片。
★ 向孩子们说明，动作要缓慢、安全，以防有人受伤。

⚑ 活动规则

★ 孩子们练习合作性瑜伽姿势，需要进行团队合作，互相支持，不时沟通自己的需求和舒适度。
★ 孩子们可以尝试以下姿势：
  - 前后交替式：两人面对面坐好，腿伸直，脚心相对，伸出双手握在一起。一人轻轻地、慢慢地向后仰，另一人向前倾斜。两人前后交替摆动，轻轻地拉伸，互相支撑。
  - 雨滴式：两人平躺，头靠在一起，胳膊放两侧，抬起双脚触摸对方的脚，形成雨滴的形状。
  - 双船式：两人面对面坐好，膝盖弯曲朝向自己的腹部，脚趾触碰同伴的脚趾，将手握在一起。然后，两人尝试抬起腿，将脚抵在一起。如果两人能完成这个动作，他们可以伸直腿，身体稍微向后仰，形成一个"W"形的双船形状。

⚑ 反思与展望

★ 你们是怎样进行团队合作的?
★ 当你获得同伴的支持时,你感觉怎么样?
★ 如果你们不合作,可能会发生什么?

在做双人瑜伽的过程中,让同伴感到安全和受到尊重十分重要。您可以利用这一机会向孩子们介绍"同意"的概念,包括孩子们在触碰他人之前怎样获得他人的同意,以及在活动开始后询问他人是否感到舒适。家长要鼓励孩子,如果在活动中感到不适,要随时说出自己的感受。提醒孩子掌控自己的身体,学会表达自己的不适!

第四章 我们在一起！合作技能 | 93

气球圈

　　这个趣味合作游戏适用于所有年龄的孩子。孩子们围成一圈，将气球撒落在圆圈里。他们要用自己的脚让气球离开地面。这项活动有助于锻炼团队合作和沟通技能，孩子们会在活动中互相鼓励，并谈论他们将在团队中扮演什么角色。

年龄范围：	3岁以上
技　　能：	合作
所需材料：	气球（3只以上）
参与人数：	4人以上
地　　点：	室内或室外

⚑ 活动之前

★ 给玩家一些时间，让他们讨论怎样在本活动中开展团队合作。在游戏开始前，让孩子们分享观点。

★ 给气球充气。

⚑ 活动规则

★ 玩家围成一圈站立，将胳膊互相扣在一起（成员多的时候），或者手拉手（成员少的时候）。

★ 将三只气球放在圆圈内。

★ 玩家合作只用脚确保气球不落地。

★ 玩家获得成功时，您可以往圆圈里添加一只气球。

★ 看一看玩家能够让气球在空中待多久，鼓励他们在下一轮游戏中超越这个时长。

⚑ 反思与展望

★ 你们是怎样进行团队合作的？

★ 当你让一只气球落地时，你感觉怎么样？

★ 当别人让一只气球落地时，你感觉怎么样？

★ 你是怎样给予他人鼓励的？

太空竞赛

这项高强度的合作活动是最棒的！孩子们将合作为他们的太空飞船收集火箭燃料。在游戏中，孩子们可以持续沟通，互相鼓励，对采用的方式提出反馈，这是任何团队或合作完成任务必需的重要技能。

年龄范围：	3岁以上
技　　能：	合作、解决问题、自我控制
所需材料：	几个球、一个呼啦圈、几个圆锥筒
参与人数：	2人以上
地　　点：	室外

⚑ 活动之前
★ 让每名玩家练习跳进、跳出呼啦圈。
★ 鼓励孩子们在游戏前就可以展开合作，互相反馈或建议如何玩游戏。

⚑ 活动规则
★ 把球随意扔在一处开放空间，这是你们的火箭燃料。
★ 用圆锥体支撑呼啦圈，这是你们的太空飞船。
★ 玩家将合作为太空飞船收集火箭燃料。
★ 每名玩家每次只能收集一块燃料。
★ 当玩家捡起燃料时，他们必须跑到太空飞船处，跳进去，放下燃料，然后跳出来。
★ 如果有玩家碰倒了被圆锥筒支撑的呼啦圈，他们要么从头开始游戏，要么取出一到两块已收集的燃料放回地面。
★ 当所有的燃料收集完毕时，游戏结束。

⚑ 反思与展望
★ 你们是怎样进行团队合作的？
★ 当你获得队友的鼓励时，你感觉怎么样？
★ 如果再玩一次游戏，你会做出哪些改变？

第四章 我们在一起！合作技能 | 95

组字母

在这项以运动为基础的活动中,孩子们将合作用身体组字母。在活动中,孩子互相分享观点和提供反馈,这有助于锻炼合作和沟通技能。

年龄范围:	4岁以上
技　能:	合作、沟通
所需材料:	无
参与人数:	2人以上(双数)
地　点:	室内或室外

⚑ 活动之前

★ 给玩家一些时间,让他们讨论怎样在本项活动中开展团队合作。在游戏开始前,让他们分享观点。

⚑ 活动规则

★ 孩子们将与一名同伴合作完成这项活动。
★ 说出孩子们要组的字母。
★ 玩家将合作用身体拼出字母。为成功地拼出字母,孩子们可以站着、坐着或者躺着。
★ 按照字母表的顺序拼一遍,看看他们能拼出多少字母。

⚑ 反思与展望

★ 哪些字母很难拼?
★ 哪些字母容易拼?
★ 你们是怎样进行团队合作的?

团队钻横杆

让我们准备好一起钻横杆吧！玩家将合作从横杆下方钻过去。他们需要通力合作，确保每个人从横杆下方通过，不能松开彼此的手，也不能碰到横杆。

年龄范围：	4岁以上
技　　能：	合作、解决问题、沟通
所需材料：	横杆（例如一把扫帚或者一根拖把杆）
参与人数：	4人以上
地　　点：	室内或室外

▶ 活动之前
★ 给玩家一些时间，让他们讨论怎样在本项活动中开展团队合作。在游戏开始前，让他们分享观点。

▶ 活动规则
★ 将横杆固定到家具上，或者请两名成年人举着横杆。
★ 玩家手牵手，在游戏过程中进行团队合作。
★ 玩家依次从横杆下方通过，每次只能通过一个人。
★ 如果有玩家碰到了横杆，或者松开了手，整个团队就要从头开始。
★ 在整个团队成功钻杆之后，降低横杆的高度，看看他们是否还能成功！

▶ 反思与展望
★ 你们使用了什么策略来互相帮助？
★ 当你碰到横杆或松手时，你感觉怎么样？
★ 当别人碰到横杆或松手时，你感觉怎么样？
★ 你们是怎样互相鼓励的？

指尖呼啦圈

孩子们将通力合作，只用食指降低呼啦圈的高度，并防止其掉落。在活动过程中，当孩子们讨论完成任务的方法和解决问题的策略时，他们的沟通能力将得到锻炼。

年龄范围：	4岁以上
技　　能：	合作、解决问题、沟通、自我控制
所需材料：	呼啦圈
参与人数：	3～6人
地　　点：	室内或室外

▶ 活动之前

★ 深入地讲解规则，向玩家展示怎样不弯曲手指钩住呼啦圈就能使呼啦圈保持平衡。

★ 给玩家一些时间，让他们讨论怎样在本项活动中开展团队合作。在游戏开始前，让他们分享观点。

▶ 活动规则

★ 玩家坐着（低难度）或者站着（高难度）围成一圈。

★ 玩家手心向上，向前伸出手。除食指外（所有的玩家都要伸直食指），蜷起其他所有的手指。

★ 把呼啦圈放在团队成员们的食指上。他们不能弯曲食指钩住呼啦圈。指头应该保持伸直的状态！

★ 这个游戏的目的是让玩家通力合作，仅用食指将呼啦圈放到地面上。

★ 如果呼啦圈掉落，或者玩家用手指钩住呼啦圈，游戏就需要从头开始。

▶ 反思与展望

★ 如果是你让呼啦圈掉落，或者弯曲手指钩住呼啦圈，你感觉怎么样？

★ 如果是别人让呼啦圈掉落，或者弯曲手指钩住呼啦圈，你感觉怎么样？

★ 你们合作时采取了什么策略？

第四章 我们在一起！合作技能 | 99

两人三足赛跑

这是野餐时常玩的经典游戏，也是孩子们锻炼解决问题和沟通等社交技能的有趣方式。孩子们把自己的一条腿和别人的一条腿绑在一起，完成赛跑任务。本活动有助于孩子在中度紧张的氛围下锻炼沟通和合作技能。

年龄范围：	4岁以上
技　　能：	合作、解决问题、沟通
所需材料：	大号手帕或其他可用来绑腿的材料、圆锥筒
参与人数：	4人以上（双数）
地　　点：	室外（草坪上）

⚑ 活动之前

★ 队员们练习用手帕绑着腿走路，适应这种走路方式。

★ 向孩子们讲解合作的方法，让他们分享自己对如何完成比赛的观点。

⚑ 活动规则

★ 本活动需要在草坪上完成，以防有队员摔倒。

★ 设置起点和终点，用圆锥筒（或相似物品）做标记。

★ 队员们并排站立，使用大号手帕或其他可用来绑腿的材料将自己与同伴的腿绑在一起。

★ 队员们从起点出发，用三条腿跑向终点。

★ 为了增加一点儿难度，您可以要求摔倒的队员重新从起点开始比赛。

⚑ 反思与展望

★ 你们是怎样通力合作的？

★ 如果你摔倒了，你会怎么做？

★ 你采用了什么策略来帮助自己与他人合作？

障碍训练

和同伴一起完成这个合作解决问题的趣味游戏吧！孩子们将合作穿越障碍，并要使用沟通技能来完成训练。本活动有助于培养孩子们的团队合作技能，这是在生活的各个领域中不可或缺的重要技能。

年龄范围：	4岁以上
技　　能：	合作、解决问题、沟通
所需材料：	玩具、圆锥筒、呼啦圈、防撞条、草坪椅和其他制造障碍的物品
参与人数：	2人以上（双数）
地　　点：	室外

⚑ 活动之前

★ 向孩子们介绍障碍训练的所有障碍部分，让他们知道在每个障碍处该怎么做。

★ 与孩子们讨论合作的方法，让他们谈一谈怎样处理某些障碍，鼓励他们分享观点。

⚑ 活动规则

★ 在室外设置一项障碍赛，使用玩具、圆锥筒（绕行标志）、呼啦圈（从中爬过）、防撞条（跳过去），也可以增加或使用其他障碍物品。

★ 本活动的目标是队员们一起完成障碍训练。他们并排挽着胳膊（低难度），或者背对背相互扣住胳膊（高难度）完成训练。

★ 如果队员们撞倒某个障碍物，或者无法越过某个障碍物，他们需要回到起点重新开始。

★ 如果队员们轻松完成，您可以给他们计时，给他们更多的挑战！

⚑ 反思与展望

★ 你们是怎样进行合作的？

★ 面对障碍时，你们是怎样处理难题的？

★ 你们采用了什么策略来合作？

★ 你们第二次越过障碍的时候，采取了哪些不同的策略？

共同完成

本项合作活动需要孩子们专注地解决问题、进行团队合作和沟通。孩子们只能用一只手通力合作完成任务。本活动会带来一些挫败感，但有难度的任务有助于孩子更好地锻炼沟通和合作技能。

年龄范围：	5岁以上
技　　能：	合作、解决问题、沟通
所需材料：	一只鞋、一件带纽扣的衬衫或者一件带拉链的外套
参与人数：	2人
地　　点：	室内或室外

⚑ 活动之前

★ 与孩子们讨论合作的方法，鼓励他们分享观点。

★ 如果在活动中遇到困难，应该怎么做？与孩子们针对该问题展开讨论，例如深呼吸、互相鼓励，或者尝试新的方法。

⚑ 活动规则

★ 为孩子们选择一项需要共同完成的任务，比如系鞋带、系扣子或者拉拉链。

★ 孩子们站在一起，将相邻的胳膊挽在一起。他们不能在活动中使用这条胳膊。

★ 孩子们使用另一只手，通力合作完成任务。

⚑ 反思与展望

★ 你们是怎样一起合作的？

★ 你是怎样处理任务中的挫败感的？

★ 你使用了哪些策略帮助自己参与合作？

STEM¹ 挑战

呼叫所有的未来工程师和建筑师！在这项STEM挑战中，孩子们将锻炼问题解决技能、沟通技能和合作技能。他们将合作用牙签和棉花糖建造著名的地标建筑。

年龄范围：	5岁以上
技　　能：	合作、解决问题、沟通
所需材料：	带有地标建筑的图片、牙签、迷你棉花糖
参与人数：	2人以上
地　　点：	室内或室外

🚩 **活动之前**

★ 与孩子们讨论怎样在本活动中开展合作。复习怎样分享观点、提供反馈和礼貌地表达异议。不要说：
  - 我们把它们放在这里！
  - 不，这样行不通的！过去一点儿，让我来做！

★ 建议孩子尝试以下说法：
  - 我们……怎么样？
  - 嗯，我们在这边尝试过了，它倒下了。可能我们应该试着……
  - 好的，让我们尝试另外一种方法，看看效果怎么样。

🚩 **活动规则**

★ 给玩家一张带有著名建筑或地标的图片，或者向他们展示这张图片（比如带有埃菲尔铁塔、自由女神像或者著名体育馆等的图片）。

★ 向玩家发起挑战，要求他们只用牙签和迷你棉花糖来建造这座建筑或这处地标。

---

1. STEM是科学（Science）、技术（Technology）、工程（Engineering）、数学（Mathematics）四门学科英文首字母的缩写。——译注

⚑ 反思与展望

★ 你觉得自己做得怎么样？你的建筑和原有建筑相似吗？
★ 你们是怎样进行合作的？
★ 在活动过程中，你觉得什么时候有趣、什么时候困难？
★ 当你的观点得到反馈时，你感觉怎么样？
★ 如果再玩这个游戏，你会做出哪些不同的选择？

同伴故事书

本项活动将培养孩子们的合作和灵活思考技能。孩子们需要将自己的故事画下来,然后看别人画的图写出别人的故事。

年龄范围:	6岁以上
技　能:	合作、灵活思考
所需材料:	纸张、蜡笔、铅笔
参与人数:	2人以上
地　点:	室内

⚑ 活动之前

★ 与孩子们讨论怎样根据图片推测故事里发生了什么。

★ 讨论孩子们可能会用到的策略——他们需要在写字前看完所有的图片吗?或是每次只看一张图片?

★ 提醒孩子,别人给他们画的图配的文字可能与他们所想的不一致,这没问题。我们练习的是学会灵活思考和合作。

⚑ 活动规则

★ 将一张张纸从中间折起来,制作一本故事书。

★ 给每个孩子一本故事书。

★ 孩子们需要想出一个他们喜欢的故事,并画在故事书里,不能写字。

★ 所有孩子画完之后,交换故事书。

★ 然后,每个孩子给同伴的故事配上文字。

★ 等所有人完成后,大家一起读故事书。

⚑ 反思与展望

★ 猜测故事图片大意的难点和容易之处是什么?

★ 听到别人给你的故事配的文字,你感觉怎么样?它们与你的想象相近吗?

★ 你喜欢自己故事的结尾吗?

★ 有人给你的故事添加了创意吗?

跨过河流

孩子们保持脚挨着脚一起跨过一块空间。这件事听起来简单，做起来难！本活动鼓励孩子们讨论解决问题的有效策略，分享观点，参与解决问题。

年龄范围：	6岁以上
技　　能：	合作、解决问题、沟通
所需材料：	两条跳绳
参与人数：	3人以上
地　　点：	室外

⚑ 活动之前

★ 给玩家一些时间，让他们讨论怎样合作。让他们分享观点，讨论怎样不分开脚跨越河流。

⚑ 活动规则

★ 平行放置两条跳绳，中间的空间就是河流。您可以根据年龄调整跳绳之间的距离，或者在孩子们完成活动后进行调整。
★ 玩家沿着一条跳绳并肩站立。
★ 游戏的目标是所有人越过河流。
★ 每名玩家的脚都要挨着旁边队员的脚（站在两头的玩家只接触一名玩家的脚）。他们的脚必须一直挨在一起。如果在某个瞬间两只脚没有挨在一起，整个团队必须重新开始游戏。
★ 整个团队都到达河对岸时，游戏结束。
★ 整个团队到达河对岸后，您可以把河拓宽一些，再试一遍。

⚑ 反思与展望

★ 你们是怎样合作的？
★ 当你的脚没有挨着别人的脚时，你感觉怎么样？

★ 当别人的脚失误了时,你感觉怎么样?
★ 你是怎样处理活动中的挫败感的?
★ 当别人鼓励你时,你感觉怎么样?

第五章

挺身而出！责任技能

什么是责任？

　　责任指的是完成目标任务的实践活动，包括尽力为家庭、团队或社区做贡献，以及接受自己的行为带来的结果或后果。幼童学会爬行、走路之后，就可以尝试承担家庭责任了。

责任看起来和听起来是什么样的？

　　随着孩子们年龄增长，越发成熟，责任的外在表现形式随之发生改变。对年幼的孩子来说，责任仅表现为完成他人要求或者期待他们做的事情，比如捡起玩具。在孩子长大一些后，责任仍表现为完成他人期待他们做的事情，但包含更多自我控制的行为，例如收拾书包、管理时间或者说真话。责任技能的表现形式包括：

★ 完成家务，例如整理玩具、洗衣服
★ 做作业
★ 保管个人物品
★ 承认错误
★ 做个诚实的人，即使这很困难，需要承担后果

用儿童理解的语言解释责任的含义

　　您可以这样向孩子解释责任的含义：

　　　　我们在家、在学校或在团队中都有不同的工作。责任的意思是，

当你有工作需要完成的时候，你就要完成它。当别人期待你做一件事情时，你要站出来完成它，而不是向后退，忽视需要完成的工作。责任还意味着你要控制自己的行为，为自己的行为承担责任。当你犯了错误的时候，你需要承认错误，尽量修正错误，而不是隐瞒或者忽略它。责任意味着说真话，做正确的事。

责任技能为什么重要？

在孩子们年幼时，他们的责任大多处于家庭范围内，包括捡起玩具、整理自己制造的混乱场面，以及保管个人物品。随着年龄的增长，他们会在更多的场景中拥有更多的责任。在学校，他们要负责保管好自己的物品、维护学校财产、完成自己的任务、对团队成员负责等。大家还期待他们做好自己的工作，为最终影响他人的结果做出贡献，对他人产生积极影响。如果孩子们参与团队运动，他们对队员也有责任，他们需要参加训练，努力训练，做到最好。

当然，孩子们成年之后会拥有更多的责任，包括财政责任、雇佣责任等等。尽早帮助孩子掌握责任技能，在孩子成长过程中逐渐增加适龄的责任，有助于他们未来在学校、社交和工作场合中获得成功。

儿童使用责任技能的时机和地点

在家中、在学校、在体育场上和社区里，孩子们都有机会让他们的责任感发光发亮。若孩子在年幼时就了解到什么是责任，并认为自己有能力履行责任，未来他们会更愿意承担这个世界要求他们承担的责任。

★ 在学校，孩子们按时完成和提交作业，这是责任感的外在表现。
★ 在课外活动中，孩子们按时参加训练或会面，态度认真，勇于改正错误，这也是责任感的外在表现。
★ 在集体中，孩子们整理个人物品，管理共享空间，体现出自己的责任感。

随着孩子年龄增长，独立性更强，与世界的联系更紧密，展示孩子责任感的机会将无处不在，并且不断升级。

本章预览

在本章中，您将了解到适合孩子年龄的责任技能，以及在家中培养孩子责任感的方法。通过这些方法，孩子们会了解他人对自己的期待，还有机会体验成功的感觉。您还会看到一些用来监督和跟踪责任感的工具，它们有助于孩子们监测自己的责任行为。本章还包括一些让家庭责任变得有趣的活动和游戏，帮助孩子们练习责任技能，让孩子未来可以将它们应用于多种多样的场合。

家庭期待

孩子们若想拥有责任感，首先需要了解外部对他们的期待。将家庭成员召集在一起，拿出纸和笔，一起列出对家人的期待。了解他人的期待十分必要，这有助于让孩子们相信自己能做出积极的贡献。

年龄范围：	2岁以上
技　　能：	责任、合作、积极倾听
所需材料：	纸张、记号笔
参 与 人：	全家人
地　　点：	室内

⚑ 活动之前

★ 讨论表达期待的方法。尽量用积极的方式来表达，例如，不要说"禁止糟糕地对待别人"，而要说"大家互相礼貌一点儿"。

⚑ 活动规则

★ 将全家人召集到桌子旁或者一个开阔的空间。
★ 一家人讨论对其他家庭成员的期待。以下问题可供参考：
  · 大家对我们所有人的期待是什么？
  · 大家期待我们怎样对待彼此？
  · 大家期待我们怎样对对方讲话？
  · 大家期待我们怎样对待自己的物品？
  · 大家期待我们怎样对家庭做出贡献？
★ 将你们对家人的期待写在一张纸上、一块硬纸板上或者一张表格里。
★ 让每个人在期待的话下面签字，表示承诺完成以上期待！

⚑ 反思与展望

★ 你怎样知道自己什么时候达到了家人的期待？
★ 如果有人告诉你，你并没有达到期待，你会怎么想？

★ 这些期待怎样对我们的家庭产生助力？

　　清晰地表达出期待对孩子们十分有益。当他们知道期待是什么，以及无法达成期待的后果是什么时，他们就会加倍努力参与达成期待的活动。在表述期待时，要做到尽量清晰、连贯，这有助于孩子们在家庭以外的外部环境里尊重和服从期待。

责任追踪器

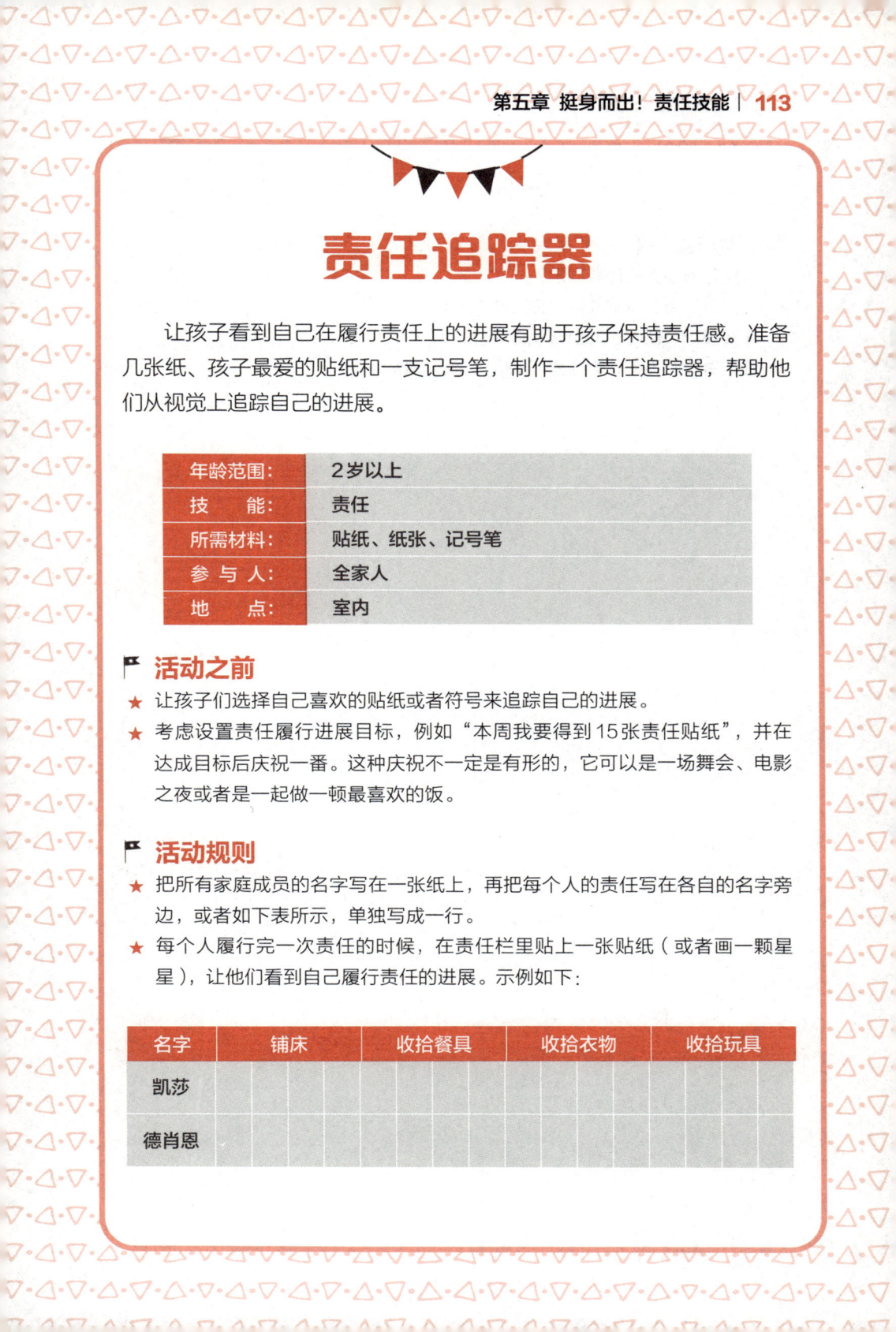

让孩子看到自己在履行责任上的进展有助于孩子保持责任感。准备几张纸、孩子最爱的贴纸和一支记号笔,制作一个责任追踪器,帮助他们从视觉上追踪自己的进展。

年龄范围:	2岁以上
技　　能:	责任
所需材料:	贴纸、纸张、记号笔
参与人:	全家人
地　　点:	室内

⚑ 活动之前

★ 让孩子们选择自己喜欢的贴纸或者符号来追踪自己的进展。

★ 考虑设置责任履行进展目标,例如"本周我要得到15张责任贴纸",并在达成目标后庆祝一番。这种庆祝不一定是有形的,它可以是一场舞会、电影之夜或者是一起做一顿最喜欢的饭。

⚑ 活动规则

★ 把所有家庭成员的名字写在一张纸上,再把每个人的责任写在各自的名字旁边,或者如下表所示,单独写成一行。

★ 每个人履行完一次责任的时候,在责任栏里贴上一张贴纸(或者画一颗星星),让他们看到自己履行责任的进展。示例如下:

名字	铺床	收拾餐具	收拾衣物	收拾玩具
凯莎				
德肖恩				

🚩 反思与展望

★ 你履行哪项责任比较容易?
★ 哪项责任更具有挑战性?你可能需要什么帮助?
★ 你在履行责任时,为自己设置了什么目标?
★ 这些责任怎样帮助你为我们的家庭做出贡献?

衣服分类

让孩子们攻克似乎永远没有尽头的衣服之山吧！所有年龄的孩子都可以参与履行衣服相关的责任，他们可以对衣服进行分类或者叠衣服。您甚至可以把这项家务变成一个游戏，挑战孩子们在有限的时间内将衣服分类。

年龄范围：	2岁以上
技　　能：	责任
所需材料：	衣服、篮子
参 与 人：	全家人
地　　点：	室内

⚑ 活动之前

★ 为每堆衣服分配一块空间。
★ 向孩子们展示每种衣服的折叠方法，帮助他们正确地开展任务。

⚑ 活动规则

★ 对2到3岁的孩子，挑战他们将自己的衣服分成短袖、短裤、睡衣和袜子四类。他们还要把袜子正确地配对！
★ 对3到4岁的孩子，挑战他们将衣服按照归属分类。
★ 对4岁以上的孩子，挑战他们分类并折叠衣服。
★ 为了增加游戏性，给孩子们计时。按照归属分类的，用时少于（等于）10分钟的孩子，可以赢得5分。折叠衣服用时少于（等于）15分钟的孩子，赢得10分。得分可以用来换取一场特殊的舞会、增加看电子屏幕的时长，或者孩子想要的其他事物。

⚑ 反思与展望

★ 这项活动的有趣之处是什么？
★ 你能想出其他方法来增加这项活动的游戏性吗？
★ 这项活动怎样有助于我们的家庭？

玩具接力

让清理房间变得像趣味接力赛一样轻松！让一个孩子站在玩具箱或玩具桶旁边，另外一个孩子捡起玩具，跑到玩具箱旁边的孩子那里。在活动中间，要求孩子们交换角色。本活动不仅让孩子们清理了房间，还让孩子们知道了与人合作也是他们的责任。

年龄范围：	2岁以上
技　　能：	责任、合作
所需材料：	玩具、玩具箱或玩具桶、计时器
参与人数：	2人以上
地　　点：	室内或室外

⚑ 活动之前
★ 将游戏区域与玩具箱之间可能处于游戏路径上的家具移走，以防孩子们在接力中发生碰撞。
★ 提醒孩子轻拿轻放玩具，保管好个人物品。

⚑ 活动规则
★ 让一个孩子站在房间里需要清理玩具的地方，另一个孩子站在第一个孩子和玩具箱或玩具桶中间（这个角色也可以由家长担任）。
★ 设置计时器，孩子们接力运输玩具，将玩具从游戏区域运输到玩具箱旁边，在时间截止前把玩具放入玩具箱。
★ 在游戏中途交换角色，让每个人都有机会体验各种角色。

⚑ 反思与展望
★ 这项活动的有趣之处是什么？
★ 如果有下一轮游戏，你认为你们可以在多长时间内完成？
★ 保管和清理玩具如何有助于我们的家庭？

清理房间是不是一项浩大的家务工程？孩子们是否会抱怨他们将收走所有的玩具？本活动有助于孩子们学习换位思考和给予，是一项很好的活动。鼓励您的孩子想一想，哪些玩具是他们不经常玩的，或者是可以舍弃的。询问他们是否愿意把这些玩具送给其他孩子，因为别人可能会喜欢它们，或者可能没有这么多的玩具。你们可以把玩具送给朋友，或者捐给你们最喜欢的本地慈善组织。

家务挑战

所有年龄的孩子都可以做家务。列出一张适龄家务清单,给您的孩子一个机会来展示他们的责任,让他们觉得自己是家庭的一员。

年龄范围:	2~8岁
技　　能:	责任
所需材料:	纸张、记号笔
参 与 人:	全家人
地　　点:	室内或室外

⚑ 活动之前

★ 向孩子们介绍各种家务,展示做家务的方法。给孩子尝试做家务的机会,向孩子提问,确保他们懂得如何正确做家务。

⚑ 活动规则

★ 给每个家庭成员分配适合年龄的家务。考虑以下家务,思考哪一项最适合您孩子的个人发展和个性。

年龄	适合的家务
2~3岁	收拾玩具 把衣服放进洗衣篮 将桌子上的书摆放整齐或者放在书架上 用干拖把拖地 用毛巾或小的除尘器除尘 扔垃圾
3~4岁	往宠物碗里放食物 把塑料盘放进洗碗机 铺床 使用手持吸尘器 浇花 拎较轻的食品袋 除尘 衣服分类

（续表）

年龄	适合的家务
5岁以上	帮忙做午饭 整理学校用品 摆放餐具 整理房间 扫地 把餐具拿出、放进洗碗机 吸尘 用湿拖把拖地 叠衣服 收起干净的衣服 做零食

★ 将所有家庭成员的名字写在一张纸上，在名字旁边写上家务名称（对于年幼的孩子，用符号来代表所做的家务）。

★ 把家务表格挂在显眼的地方，提醒每个人他们的责任是什么。

反思与展望

★ 哪项家务对你来说最简单？
★ 哪项家务对你来说最难？你可能需要什么帮助？
★ 你怎样让自己记得完成家务？

　　付钱还是不付钱？这是一个问题！家长经常思考什么对孩子是最好的：给他们支付做家务的报酬，还是将做家务视为无私的奉献。您可以根据活动目标自行决定。您希望孩子了解工作和金钱的关系吗？还是希望培养孩子对家庭和社区的责任？相关研究尚未表明哪种方式最好，但是有一点非常明确，那就是尽早让孩子参与做家务，能够培养孩子的利他主义精神和责任感。

花园园艺技能

花园里的任务繁多，也会带来收获和乐趣。准备一些种子和花盆，让孩子们创造自己的花园，让观察和浇水成为他们的每日或每周常规，让他们享受自己种植的果实！

年龄范围：	3岁以上
技　　能：	责任
所需材料：	种子、盆栽土、花盆、浇水容器
参与人数：	1人以上
地　　点：	室内或室外

⚑ 活动之前

★ 向孩子讲解植物生长所需的物质，包括水、土壤、阳光和爱！您可以鼓励孩子每天一边浇水一边友好地和种子讲话。

★ 向孩子展示给植物浇多少水是合适的。

⚑ 活动规则

★ 让孩子选择一种或几种他们想种的植物的种子。

★ 帮助孩子种下种子，把花盆放在有阳光的地方。

★ 每天帮助孩子监测植物的生长并浇水。

★ 让年龄大一点儿的孩子负责浇水。您还可以制作一张表格，让孩子们每天浇完水后在表格上做出标记，记录任务完成情况。

★ 如果孩子种植的植物是可食用的，让他们用自己种植的水果或蔬菜做一顿饭或者零食。

⚑ 反思与展望

★ 亲自种植作物是什么感觉？

★ 照顾植物有什么困难？

★ 这项任务的容易之处是什么？

★ 你下次想种什么植物？

第五章 挺身而出！责任技能 | 121

宠物水疗

这项以游戏为主的趣味活动将教孩子履行照顾宠物的责任。给自家的宠物做水疗，让它放松地享受洗浴、剪指甲或者梳毛。如果家里没有宠物怎么办？孩子们可以和最喜欢的毛绒玩具一起玩。

年龄范围：	3岁以上
技　　能：	责任
所需材料：	宠物香皂、浴盆或软管、轻音乐、指甲锉、宠物毛刷和其他宠物用品
参与人数：	1人以上
地　　点：	室内或室外

⚑ 活动之前
★ 提醒孩子如何感知宠物的情绪，并注意它们哪里不舒服。
★ 向孩子展示怎样轻柔地做水疗。

⚑ 活动规则
★ 准备给宠物做水疗的物品。播放轻音乐，创造一种柔和的氛围。
★ 让孩子带头负责照顾宠物，给宠物做水疗。帮助孩子们找到宠物毛刷，然后轻轻地为宠物刷毛。
★ 如果宠物愿意，帮助孩子给宠物温柔地按摩。

⚑ 反思与展望
★ 你今天负责照顾宠物感觉怎么样？
★ 你注意到宠物有什么感受了吗？
★ 为什么你认为照顾好我们的宠物十分重要？

城市街道

帮助孩子在这个有趣的运动游戏中培养社会责任感和自我控制能力。他们将会在一定的区域内移动,模拟在城市的街道上一边开着车,一边注意路上的其他车辆。

年龄范围:	4岁以上
技　　能:	责任、自我控制
所需材料:	无
参与人数:	3人以上
地　　点:	室外

▶ 活动之前
★ 向孩子们说明活动范围,提醒他们有社会责任就是注意周围的人,考虑他们的行为会怎样影响他人。注意他人、考虑他人的需求和感受,采取行动时确保他人安全是十分重要的。

▶ 活动规则
★ 设置游戏区域。在游戏中,所有的玩家必须在游戏区域内活动。
★ 家长大喊一声"出发!",玩家像开汽车一样,在区域内行动起来。他们需要注意不要撞到他人。
★ 家长大喊一声"停!",所有的"车辆"停下。
★ 为了增加挑战性,您可以改变口令。您可以用"西瓜"代替"出发",用"菠萝"代替"停",以此鼓励孩子们同时注意积极倾听。

▶ 反思与展望
★ 你在开车的时候,怎样使自己注意到他人?
★ 为什么我们在区域内集体移动时非常需要注意他人?

"蛋极了"[1]的责任

煮几个鸡蛋,在蛋壳上画上脸,还可以画上衣服,像照顾婴儿一样照顾它们!鼓励孩子们对他们的鸡蛋负责,要求他们全天照顾鸡蛋,避免蛋壳破裂。

年龄范围:	4岁以上
技　　能:	责任
所需材料:	为鸡蛋铺床所需的用品(例如餐巾纸盒、手工贴纸)、熟鸡蛋,装饰鸡蛋的用品(例如记号笔、塑料眼睛、制作头发的纱巾和胶水、制作衣服的布料)
参与人数:	1人以上
地　　点:	室内或室外

⚑ 活动之前

★ 为了便于移动鸡蛋,给每个鸡蛋建一把椅子或者一张床。与孩子们讨论怎样照顾自己的鸡蛋,避免蛋壳破裂。

★ 如果您的孩子将"花钱"请人照看鸡蛋,和孩子谈论怎样支付服务(例如扫落叶、吸尘或除尘等)费用。

⚑ 活动规则

★ 给鸡蛋做装饰,给它们画上脸、头发,甚至穿上衣服。

★ 向孩子们发出挑战,要求他们像照顾婴儿一样照顾自己的鸡蛋。列出婴儿的需求清单,比如早上需要换尿布、拥抱、吃早饭、做游戏、睡午觉等。为孩子们的鸡蛋宝宝建一个日程表。

★ 您可以设置时间,孩子们要在这段时间内(例如一周)照顾鸡蛋,或者一直照顾到蛋壳破碎。在冰箱里为鸡蛋宝宝铺一张床,供它们小憩和睡觉用。

---

1. 原文为"eggcellent responsibility",是"excellent responsibility"(棒极了)的谐音。——编注

- ★ 对于年龄大一些的孩子，您可以选择提高挑战难度，让他们"花钱"请人照顾鸡蛋。当孩子们在学校上课或者参加体育运动时，他们可以请奶奶来照顾鸡蛋，然后帮助奶奶打扫花园中的落叶作为补偿。

🚩 **反思与展望**

- ★ 你在照顾鸡蛋时面临的挑战是什么？
- ★ 从履行照顾某物的责任中你学到了什么？
- ★ 如果再给你一次机会，你会做出什么改变？

生产线

本项活动通过设置一条有趣、快速的生产线，帮助孩子理解个人责任对团队的重要性。在生产线上组装一个玩具、为邻居包装糖果，或者制作三明治等，有助于孩子们意识到每个人的角色和责任为什么对结果十分重要。

年龄范围：	4岁以上
技　　能：	责任
所需材料：	糖果生产线：烤好的食物、箔纸或者塑料包装纸、彩带。三明治生产线：面包、盘子、三明治配料
参与人数：	3人以上
地　　点：	室内或室外

▶ 活动之前

★ 向孩子们讲解生产线的每个环节。向孩子们说明，生产线上的每个人都有自己的责任。

▶ 活动规则

★ 为生产线选择生产的物品。确保每个人至少有一项任务。如果有剩余任务，生产线的第一个人可以移动到生产线的末尾，完成额外的任务。

★ 设置生产线上的岗位。如果你们是为邻居包装糖果，岗位可以这样设置：
- 第一岗位：用箔纸或塑料包装纸包糖果。
- 第二岗位：用箔纸或包装纸打个蝴蝶结。
- 第三岗位：在糖果包装外面贴一张贴纸。

★ 如果是生产三明治的生产线，岗位可以这样设置：
- 第一岗位：把两片面包放在盘子上。
- 第二岗位：把花生酱抹在一片面包上。
- 第三岗位：把果酱抹在另一片面包上。
- 第四岗位：把两片面包扣在一起，让馅料位于中间。

- 第五岗位：把三明治切成两半。
★ 设置岗位，分配岗位，确保每个孩子或参与者都有任务。
★ 生产线开始工作！

🚩 反思与展望

★ 当生产线上的某个成员没有完成任务的时候，发生了什么？（或者如果某个成员没有完成任务，会发生什么？）
★ 为什么生产线上的每一个环节都很重要？
★ 作为最终产品的贡献者，你对其他人负有责任是什么感觉？

援助之手

有时，责任并不仅仅是完成别人的期待，还指完成一些额外的事情。在本项活动中，孩子们将思考他们怎样对自己的家庭有所帮助，以及怎样为家庭做出更多的贡献。

年龄范围：	4岁以上
技　　能：	责任
所需材料：	纸张、记号笔、信封
参与人数：	1人以上
地　　点：	室内或室外

⚑ 活动之前

★ 让孩子们进行头脑风暴，讨论怎样为家庭提供更多的帮助。您可以在家中走一圈，从视觉上刺激产生观点。当孩子们看到家中的事物时，他们可能会产生一些想法。

★ 与孩子们谈论社会责任的含义，它指的是我们意识到并询问身边人的需求，在我们有能力的时候帮助他们。

⚑ 活动规则

★ 给孩子们机会想一想还能帮助家庭做哪些事情。

★ 在几张小的长方形纸片上写上"援助优惠券"。孩子们可以在优惠券上写上或者画上他们想要提供的帮助。

★ 将优惠券放在信封中保存起来，以备后期使用。

★ 当孩子们发现家庭有需求，或者家长需要帮助时，优惠券可以用来兑换帮助。

⚑ 反思与展望

★ 当你可以向他人提供额外的帮助时，你感觉怎么样？

★ 提供额外帮助能够增进你的责任感吗？你怎么认为？

时间追踪器

将任务或时间以视觉形式呈现出来，能够有效帮助孩子明白要在什么时候完成任务，帮助他们学习时间管理这项宝贵的技能。本活动要求孩子管理时间和在有效时间内完成任务，这有助于提高孩子的责任感，优化他们未来在学校的表现。

年龄范围：	4岁以上
技　　能：	责任
所需材料：	钟表或手绘钟表、纸张、记号笔
参与人数：	1人以上
地　　点：	室内

⚑ 活动之前

★ 将孩子一天的任务列出来，让孩子思考每项任务需要多长时间完成，鼓励他们进行自我反思和自我监测。

⚑ 活动规则

★ 在钟表或手绘钟表的表盘上，将每项任务标注在对应的时间上。如果孩子不习惯看钟表，您可以列一张时间表。

★ 以下时间表供您参考：
  - 2:00 零食
  - 3:00 作业
  - 4:00 家务
  - 5:00 户外活动
  - 6:00 晚饭
  - 7:00 入睡常规

⚑ 反思与展望

★ 你怎样保证自己按规定时间完成任务？

★ 你认为哪项任务需要更多/较少的时间？如果你没有在规定时间内完成任务，你会怎样处理？

需求驱动器

当孩子们过上集体生活，需要发现他人的需求时，就需要使用本项活动发展社会集体责任技能。您需要鼓励孩子进行头脑风暴，思考如何力所能及地帮助别人满足需求。

年龄范围：	4岁以上
技　　能：	责任
所需材料：	纸张、记号笔
参与人数：	1人以上
地　　点：	室外

⚑ 活动之前

★ 与孩子们谈论社会责任的含义：我们对我们的社区及其成员负有责任。我们有责任使社区成为一个更适合居住的地方，为社区成员提供帮助。

⚑ 活动规则

★ 在您的社区里开车或走路绕一圈。

★ 鼓励孩子四处看看，发现社区的需求。如果孩子会写字，请他们写下来。以下问题可供参考：
 · 社区需要哪些新的改变？
 · 怎样使社区变成更好的住所？
 · 我们需要修正哪些问题，将社区变成更好的地方？

★ 回到家之后，与孩子开展头脑风暴，让他们思考怎样用自己的方式满足刚才发现的需求。例如，如果他们注意到部分区域需要美化，他们可以创作艺术品或者种植花朵来进行美化。

★ 积少成多，帮助孩子积极处理他们发现的需求，哪怕是以微不足道的方式。

⚑ 反思与展望

★ 当你做出哪怕是小小的改善来使社区变得更好时，你做何感想？

★ 你还可以为社区做什么？

★ 社区中小小的改善怎样成就大大的进步？

"收养"邻居

本项活动有助于培养孩子的集体意识、社会责任感和共情技能。选择"收养"一位邻居，帮助孩子做一些小事点亮邻居的一天，或者在大大小小的方面帮助他。

年龄范围：	4岁以上
技　　能：	责任、共情
所需材料：	根据邻居的需求确定
参与人数：	1人以上
地　　点：	室内或室外

⚑ 活动之前

★ 与孩子们讨论邻居的潜在需求，以及您的家庭怎样能较好地满足这些需求。花一些时间选出需要额外帮助或鼓励的邻居或其他什么人。

⚑ 活动规则

★ 选择"收养"一位邻居或者社区成员。
★ 进行头脑风暴，和孩子讨论可以怎样帮助这个人或者点亮他的一天。您可以选择让孩子采访这个人，询问他需要什么帮助，或者询问他的兴趣爱好。
★ 列出一张计划表，写上孩子计划为邻居做的事情，可能包括：
  · 给他们的花圃除杂草
  · 给他们的院子锄地
  · 每周放置一张惊喜卡片或一件艺术品
  · 每周为他们做一次晚餐
  · 每周花20分钟与他们谈话
★ 帮助孩子将计划付诸实践。

⚑ 反思与展望

★ 帮助邻居是一种什么感觉？
★ "收养"邻居带来的最大收获是什么？
★ 你还想怎样帮助一位邻居？

超级救助者

为孩子设置赚钱购买自己想要的物品的目标，能促使他们对自己和金钱负责。自己挣钱买东西能够提升成就感和责任感。

年龄范围：	4岁以上
技　　能：	责任
所需材料：	纸张、记号笔、存钱罐或信封
参与人数：	1人以上
地　　点：	室内

🚩 活动之前

★ 与孩子们讨论想要和需要的区别。需要之物是我们赖以生存的东西，例如食物、基本的衣服、住房和爱。想要之物是我们为了满足乐趣、娱乐和享受等方面的需求而想得到的额外之物。

🚩 活动规则

★ 确定孩子想要的合理物品，查看它们的价格。
★ 在纸上画出表格或刻度表，追踪孩子挣钱的情况。
★ 列出一张他们可以额外完成的家务清单，让孩子通过做家务赚钱，购买自己想要的物品。这些家务不包含他们本应完成的常规性家务或对家庭的贡献。
★ 孩子赚到钱之后，您把钱放进存钱罐或信封，并在表格中追踪孩子的挣钱情况。
★ 当孩子赚的钱足够买到他们想要的物品时，带他们去买！

🚩 反思与展望

★ 自己赚钱购物的乐趣在哪里？
★ 难点在哪里？
★ 自己赚钱购物让你感觉怎么样？
★ 你从自己努力赚钱的经历中学到了什么？

开办餐厅

在餐厅工作需要具备高度的责任感！感知和回应他人的需求有助于培养孩子对他人的责任感。在本活动中，通过在家中经营餐厅，让孩子进行为他人服务的实践。

年龄范围：	4岁以上
技　　能：	责任、仔细倾听
所需材料：	玩具食物和餐具（或者真的食物和餐具）、便条簿、铅笔
参与人数：	3人以上
地　　点：	室内或室外

⚑ 活动之前

★ 与孩子们谈论餐厅服务员的责任：他们需要迎接顾客、接受饮品点单、提供酒水、接受食品点单、送上额外物品如调味料、餐巾纸或餐具，以及斟酒，等等。

★ 与孩子们谈论，为保证顾客拥有比较愉快的就餐经历，服务员应以什么样的态度服务。

⚑ 活动规则

★ 在家中开一家餐厅。

★ 让您的孩子扮演服务生，其他兄弟姐妹和家长扮演顾客。年纪大一点儿的孩子可以记下餐厅客人的订单，像在真正的餐厅一样，一次为所有人服务。年幼的孩子还不会写字，他们可以尽量记住订单，或者每次只接受一个订单，服务一位客人。

★ 选用玩具食物或真正的食物服务客人。

⚑ 反思与展望

★ 这项活动的有趣之处是什么？

★ 哪种责任的难度最大？

★ 你认为负责餐厅服务这件事，让人感觉怎么样？

★ 这项活动将如何改变你未来在餐厅的行为或者与他人的相处方式？

空中飞球

在这项快节奏的趣味活动中，孩子们将练习社会责任和合作技能。家长让玩家围成一圈，把一个球抛给一名玩家，欢乐就此开始。在活动中，孩子们需要履行对团队的责任，合力让若干个球一直飞在空中不落地。

年龄范围：	5岁以上
技　　能：	责任、合作
所需材料：	3个或3个以上网球
参与人数：	3人以上
地　　点：	室内或室外

⚑ 活动之前
★ 确定球的路径。向孩子们进行说明，以确保抛球时接球者在看着自己。练习安全地投低球。

⚑ 活动规则
★ 玩家围站成一圈。
★ 把一个网球扔给一名玩家。玩家将把球扔给下一名玩家，然后第二名玩家向第三名玩家扔球。在整个游戏过程中，球的路径将保持一致。例如，如果您和四个孩子一起玩，那么就是一号扔给二号，二号扔给三号，三号扔给四号，四号扔给一号。
★ 继续保持一球模式，直到所有的孩子掌握了要领。然后，添加第二个球，按照第一个球的路径传递。
★ 当孩子们再次熟练掌握要领之后，再增加一个球。看看您能增加多少个球，或者孩子们能接多少次球而不掉球。

⚑ 反思与展望
★ 这项活动的乐趣和难点是什么？

- ★ 你在游戏中负责什么？
- ★ 你的角色怎样影响其他队员？
- ★ 如果一名队员掉了球，整个游戏会怎样？
- ★ 如果一名队员没有履行责任，将会发生什么？他会怎样影响其他家庭成员或者队员？

骄傲计划

本项活动鼓励孩子们以责任和进步为骄傲。他们将准备一次小演讲或者小展示，与家人分享自己的责任以及他们感到骄傲的原因。该活动将培养反思的习惯和成就感。

年龄范围：	5岁以上
技　　能：	责任、沟通
所需材料：	硬纸板、记号笔或其他用于视觉展示的美术用品（您的孩子有能力的话，也可以选择用图片或者幻灯片等电子形式进行展示）
参与人数：	1人以上
地　　点：	室内或视频聊天

⚑ 活动之前

★ 讨论孩子们的责任，询问他们哪一项责任对他们最为重要，谈谈为什么它对家庭十分重要，以及为什么他们喜欢这项责任。

⚑ 活动规则

★ 每个孩子选择一项或多项他们引以为豪且对他们很重要的责任。

★ 孩子们将准备一次简短的演讲，介绍他们的责任。话题可以是介绍这项责任是什么，他们怎样履行责任，这项责任对家庭或社区有什么益处，它为什么重要，他们为什么喜欢完成这项任务或者履行这项责任，等等。孩子们也可以通过在纸板上画图的形式来展示，例如画出用来追踪责任完成情况的责任追踪图，或者写一写相关经历。

★ 孩子们将骄傲计划呈现给家人。

⚑ 反思与展望

★ 你认为哪种责任最重要？

★ 当你与家人分享有关责任的想法时，你感觉怎么样？

★ 为自己的工作感到骄傲，这意味着什么？

★ 你认为为什么对自己的责任感到骄傲十分重要？

第六章

我听到你了！共情技能

什么是共情？

　　共情不仅指倾听他人讲话，还指努力理解他人的感受。这种心理不是对他人感到抱歉，而是与他人产生共鸣。但是，共情不止步于理解他人。一旦我们站在别人的立场上，从他们的视野看问题，理解他们的感受，我们就可以用这些信息来指导自己的行为。所以，共情还指我们收集并运用他人的语言、肢体语言、面部表情等传达出的信息，来积极地回应他们。

　　当孩子们与外界建立起稳固的联系时，他们的共情技能会得到发展。当孩子们得到看护人的回应和共情时，他们会更容易对他人产生共情。我们可以通过以下方式培养和表达共情：

- ★ 挑战刻板印象和偏见，寻求共同点
- ★ 体会他人的经历（站在他们的立场上思考）
- ★ 用开放的心态、主动的态度去积极倾听和理解
- ★ 运用他人传达出的信息来做出改变

共情看起来和听起来是什么样的？

　　共情的外在表现形式像是通过向他人提出有意义的、没有偏见的问题，并积极倾听回答，来努力理解他人及其经历。共情还指我们做出回应时要表现出理解，并在必要时改变自己的行为。示例如下：

- ★ 向他人提出有意义的问题，来了解他们的经历和感受
- ★ 积极倾听，保持眼神沟通并适当点头

★ 回顾他人分享的内容，检验自己是否理解了
★ 基于对他人的更深入理解，改变自己的行为或行动

用儿童理解的语言解释共情的含义

您可以这样向孩子解释共情的含义：

> 我们很容易理解自己的经历和感受，但有时别人对于同样的事情会有完全不同的感受，又或者他们正在经历我们从未遇到过的事情。为了表达你对他人及其经历的关心，你可以和他们共情。你需要努力站在他们的立场上，尽量理解他们的经历和情绪。随后，你还要向他们表达自己的关心，尽力提供帮助，陪伴他们，或者改变自己的行为，让他们感到安全和关爱。

共情技能为什么重要？

具备感知并理解他人情绪和经历的技能，对个人和社会的发展都有很大的好处。共情有助于孩子们树立道德身份，遵守道德准则。当孩子们能够理解他人的经历时，他们会更好地尊重他人的需求和权利。共情还教会孩子们换位思考，帮助他们走出以自我为中心的局限。掌握共情技能的孩子懂得尊重团队成员或队员分享的观点和经历，因而更善于合作、更适应团队生活。共情为人际交往创设了安全的环境，人们明白他人在倾听自己、期待理解自己，所以他们愿意分享自己的经历和需求。

儿童使用共情技能的时机和地点

孩子们可以在家、学校和课外活动中展现共情能力。在家里，当兄弟姐妹在比赛中遗憾落败时，孩子们可以使用共情技能去尝试理解他们的感受；当妈妈的好朋友搬家去了外省时，孩子们也可以使用共

情技能去同情伤心的妈妈。在学校，当孩子们身边围绕着来自不同背景、拥有不同经历的同伴时，他们可以使用共情技能。在课外活动中，当队员投球出局，或者体操队员的父亲不能前来观赛时，孩子们也可以共情。在社区商店，当看到年迈的妇人够不到货架顶层的物品时，他们也可以共情。

本章预览

在本章中，您将了解到如何创建重视和发展共情技能的家庭环境。本章还介绍了一系列活动和游戏，用以鼓励孩子关注他人情绪，并正确运用相关信息回应他人。

假扮父母

孩子们在照顾玩具娃娃或者毛绒玩具时会考虑玩具的需求，这是发展共情技能的良好机会。您可以与孩子一起照顾玩具娃娃，着重解释玩具的感情和需求，帮助孩子理解这些需求。

年龄范围：	1～4岁
技　能：	共情、责任
所需材料：	玩具娃娃或毛绒玩具
参与人数：	1人以上
地　点：	室内

🚩 活动之前

★ 将孩子照顾玩具时可能用到的物品摆放出来（例如食物玩具、毯子、更换的衣服）。

🚩 活动规则

★ 和孩子一起照顾他们最喜欢的玩具。
★ 解释玩具的需求（例如，"多莉饿了！她饿的时候很伤心。我们给她喂饭，让她感到好一些吧！"或者"小熊累了。我们让他躺到床上吧，给他讲个故事！"）。
★ 让孩子主导发现玩具的需求，给他们照顾玩具的机会。

🚩 反思与展望

★ 你的玩具需要什么？
★ 你的玩具有什么感受？
★ 你怎样帮助玩具感觉好一些？

第六章 我听到你了！共情技能 | 141

额外的情感表达

即便是最年幼的孩子,也能从大人讲故事或对话时的情感示范中学到一些知识。拿起您最喜欢的书,充满感情地表演动情的桥段,帮助年幼的孩子了解情感。

年龄范围:	1~3岁
技　　能:	共情
所需材料:	书籍
参与人数:	1人以上
地　　点:	室内

🚩 **活动之前**

★ 选择一本您认为可以用来表达情感的书。以下推荐书目供您参考:桑德拉·博因顿(Sandra Boynton)的《快乐的河马,愤怒的鸭子》(Happy Hippo, Angry Duck)、安娜·纳耶斯(Anna Llenas)的《颜色怪物》(The Color Monster)、乔·维特克(Jo Witek)的《在我心间》(In My Heart)、嘉纳·凯因(Janan Cain)的《我感觉的方式》(The Way I Feel)。

★ 减少周边环境里的干扰因素(关闭音乐或关上电视),让您的孩子专心听故事。

🚩 **活动规则**

★ 选一本您最喜欢的书,书里要包含情感丰富的情节或事件。

★ 给年幼的孩子讲故事时,着重解释故事里的情绪,使用加强的表情,将他们带入故事的情绪中。您可以说:"哦,不!小狗摔到泥坑里面了!他感到非常伤心。他的全身都湿透了。看看他悲伤的小脸、悲伤的眼睛!掉进泥坑让小狗太伤心了!"

🚩 **反思与展望(写给看护人)**

★ 简单与孩子聊一聊故事中的情感。您可以这样说:"故事里的小狗感到非常伤心。我摔倒的时候也感到很伤心!"

家庭会议

家庭是孩子们学习理解他人感受的第一场所。定期举办家庭会议，让一家人围坐在一起分享和讨论感受，将有助于增进对彼此的理解，促进相互支持。

年龄范围：	2岁以上
技　　能：	共情、沟通、积极倾听
所需材料：	无
参 与 人：	全家人
地　　点：	室内、室外或视频聊天

▶ 活动之前

★ 回顾召开家庭会议的规则，您可以参考以下规则：
  - 每次只能一个人发言。
  - 每个人都有分享的机会。
  - 每个人的发言都很重要！您可以通过倾听表达自己的关心。

▶ 活动规则

★ 提前确定时间，将家人召集起来召开一次家庭会议。家庭会议可以在每晚的同一时间举行，也可以每周召开一次。将会议时间固定下来，重视这段时间，向孩子展示会议的重要性。

★ 在家庭会议中，给每位成员机会，让他们分享自己的感受，以及在过去一天或一周内的经历。

★ 当一位家人讲话的时候，其他人只需倾听，以达成相互理解的活动目标。

★ 如果家庭成员因为工作或其他原因未到场，可以通过视频聊天召开会议。

▶ 反思与展望

★ 你注意到每位说话者的情绪了吗？他们有什么情绪？

★ 你是怎样感知他们的情绪的？

★ 你是否了解了家庭成员不为人知的一面,或者你以前不知道的经历?

  营造家庭活动的空间,促使家人进行真诚的沟通,对于整个家庭来说十分重要。研究表明,非生产性的家庭时间(家庭成员并非为了完成任务而聚在一起,例如一起花时间做作业或做家务)能够改善孩子和家长的情绪和心理健康。一家人每天聚在一起5到10分钟,分享彼此的感受和观点,有助于促进整个家庭的和谐,让每个人感到与他人紧密联系,并且有被重视的感觉。

预测角色的感受

您可以通过定期给孩子讲故事来培养他们的共情技能。在本活动中,您需要花一些时间讨论角色的感受,并预测角色在不同事件中的感受。这将帮助孩子思考他人行为对情绪的影响。

年龄范围:	2岁以上
技　　能:	共情
所需材料:	书籍
参与人数:	1人以上
地　　点:	室内或视频聊天

⚑ 活动之前
★ 选择含有充沛感情内容的书籍(参见下方提示)。

⚑ 活动规则
★ 家长在讲故事的过程中要停下来,让孩子基于书中的插图和文字猜测角色的感受,并且让孩子解释为什么认为角色会有这样的感受。
★ 然后,家长让孩子预测如果故事情节发生变化,角色会有什么感受。例如:"如果那些孩子邀请她一起玩而不是忽略她,她可能会有什么感受?"或者"如果他在赛跑中获得胜利,他可能会有什么感受?"

⚑ 反思与展望
★ 哪些因素有助于你了解角色的感受?
★ 你怎样知道人们在现实生活中的感受?
★ 为什么你认为感知他人情绪十分重要?

如果您正在寻找用来开展本项活动的书籍,以下这些书是不错的选择:弗朗西斯卡·桑娜(Francesca Sanna)的《我和害怕做朋友》（Me and My Fear）、伊娃·伊兰（Eva Eland）的《有一个朋友叫悲伤》（When Sadness Is at Your Door）、布莱恩·莱斯（Brian Lies）的《走出荒园》（The Rough Patch）、丹·桑塔特（Dan Santat）的《秋天之后》（After the Fall）。

电影之夜调查

您可以利用家庭电影之夜来培养共情技能。在非常感人的情节处暂停，让孩子们判断角色们的情绪，以及为什么会这样，这有助于孩子学会使用面部表情和肢体语言为线索来判断他人的感受。

年龄范围：	3岁以上
技　　能：	共情
所需材料：	电影
参与人数：	1人以上
地　　点：	室内

🚩 活动之前
★ 选择一些含有感人桥段的电影，例如《头脑特工队》《飞屋环游记》《海底总动员I：寻找尼莫》《海底总动员II：多莉去哪儿》《灰姑娘》或者任何一部《玩具总动员》系列电影。

🚩 活动规则
★ 与孩子一起看电影时，在感人的情节处暂停播放。
★ 让孩子观察角色的面部表情和肢体语言，讲一讲电影中发生了什么。
★ 让孩子想象角色在这些场景中的感受，并解释他们为什么做出这样的猜测。

🚩 反思与展望
★ 思考角色的情绪，是一种什么体验？
★ 这怎样帮助你更好地理解电影或者角色的行为？
★ 你什么时候有过与角色相似的感受？如果没有，你觉得你在那种情况下会是什么感觉？

面对镜子讲故事

每张面孔都会讲故事。您需要拿出一面镜子，让孩子面对镜子，讲述一个感人的故事。要求孩子注意自己的面部表情，这有助于他们在别人讲话时更好地理解他人的情绪。

年龄范围：	3岁以上
技　能：	共情
所需材料：	镜子
参与人数：	1人以上
地　点：	室内

▸ 活动之前

★ 从您孩子的过去中挑选一个非常感人的故事或一段经历。向孩子们讲解他们可以感知的面部表情特征，例如眼睛、眉毛、额头、嘴巴等的特征。

▸ 活动规则

★ 让孩子手持一面镜子，或者站在穿衣镜前。
★ 让孩子讲一个感人的故事。您可以让孩子讲讲经历过的具体事件，或者让他们讲讲让自己特别生气、激动、沮丧、伤心、焦虑或震惊的时刻。孩子们将面对镜子讲故事。
★ 让孩子在讲故事的过程中注意镜子里自己的面部表情，看看他们发现了什么。

▸ 反思与展望

★ 你在讲故事的时候，注意到了什么？
★ 在别人讲话时关注他们的表情，怎样有助于你加深对他们的理解？

第六章 我听到你了！共情技能 | **149**

清扫社区

把家人召集起来，一起做些有意义的社区服务工作！加入别人组织的社区清洁日，或者选择在当地的公园、海滩或者家附近的一段马路上，自己组织一场清洁活动。您的孩子可以邀请朋友和他们的家人加入，或者您可以组织一场家庭活动。为社区提供服务有助于提高孩子的社区责任意识。

年龄范围：	3岁以上
技　　能：	共情、责任
所需材料：	垃圾袋、手套、垃圾夹、安全背心
参与人数：	1人以上
地　　点：	室外

⚑ 活动之前

★ 如果您是自己组织活动，可以选择一个社区区域集中清扫，也可以加入别人组织的清洁活动。提前和孩子们说明你们要做什么、他们应该期待什么，以及活动为什么十分重要。向孩子们讲解安全规则，例如戴手套、某些物品只能让大人捡（例如尖锐的物品或香烟蒂），以及待在大人身边活动，特别是靠近马路的时候。

⚑ 活动规则

★ 把工具集中起来，向孩子说明每种工具的使用方法。（如果使用垃圾夹，您需要着重说明它的用法。）

★ 您可以拍摄清洁前和清洁后的照片，让孩子们清楚地看到自己的努力成果。

★ 鼓励孩子们承担适合自己年龄的任务。例如，年幼的孩子可以负责拿垃圾袋让别人装，年长的孩子可以使用垃圾夹自己装垃圾。与孩子们一起打扫的时候，您要向孩子解释大人在做什么、为什么这样做。

★ 鼓励孩子们提出问题，向他们解释这种社区活动的必要性和对社区的益处。

🚩 反思与展望

★ 今天活动的有趣之处是什么？
★ 你对我们所做的工作有什么疑问吗？
★ 当我们清扫社区的时候，你在想些什么？
★ 你还想参与哪些服务他人的活动？

如果社区清洁活动不适合您目前的家庭情况，您可以尝试以下在家中完成的服务工作：

- 为刚生完宝宝或者刚做完手术的邻居做一顿饭。
- 整理玩具和衣服，并选择一些进行捐赠。
- 给当地的康复中心或者儿童医院画画或者写信。

家庭决议

长期来看，家庭成员一起讨论家庭中存在的矛盾，有助于孩子们发展共情、沟通和积极倾听技能。

年龄范围：	3岁以上
技　　能：	共情、沟通、积极倾听
所需材料：	无
参 与 人：	全家人
地　　点：	室内

⚑ 活动之前

★ 提醒每位家人，不要在别人讲话时打断别人。

★ 提醒家人，可在他人讲话的时候注视他人或者点头，来表示他们在积极倾听。

⚑ 活动规则

★ 当家庭成员之间存在矛盾时，您可以把所有家人召集到一起，召开一场家庭会议，把那些不太相关的成员也请到场。这一行为会提示大家，即使只有两名家庭成员之间有矛盾，也会影响到其他人，因为尽管他们并非直接相关人员，但是他们会道听途说，或者被迫站队。

★ 给矛盾各方分享的机会，让他们倾诉他们的感受和观点。

★ 矛盾各方分享完之后，再请他们分享或者复述他人的感受和观点。

★ 最后，所有家人想出至少两种方法来解决问题或以积极的方式继续向前。

⚑ 反思与展望

★ 分享自己的感受和观点难在哪里？

★ 当你听别人分享感受时，你感觉怎么样？

★ 回忆和复述他人的感受或观点，是一种什么感觉？

★ 既然你已经听到了他人的观点，那么你对这场矛盾有了什么不同的看法吗？

★ 你在将来会做出什么改变？

宠物高光

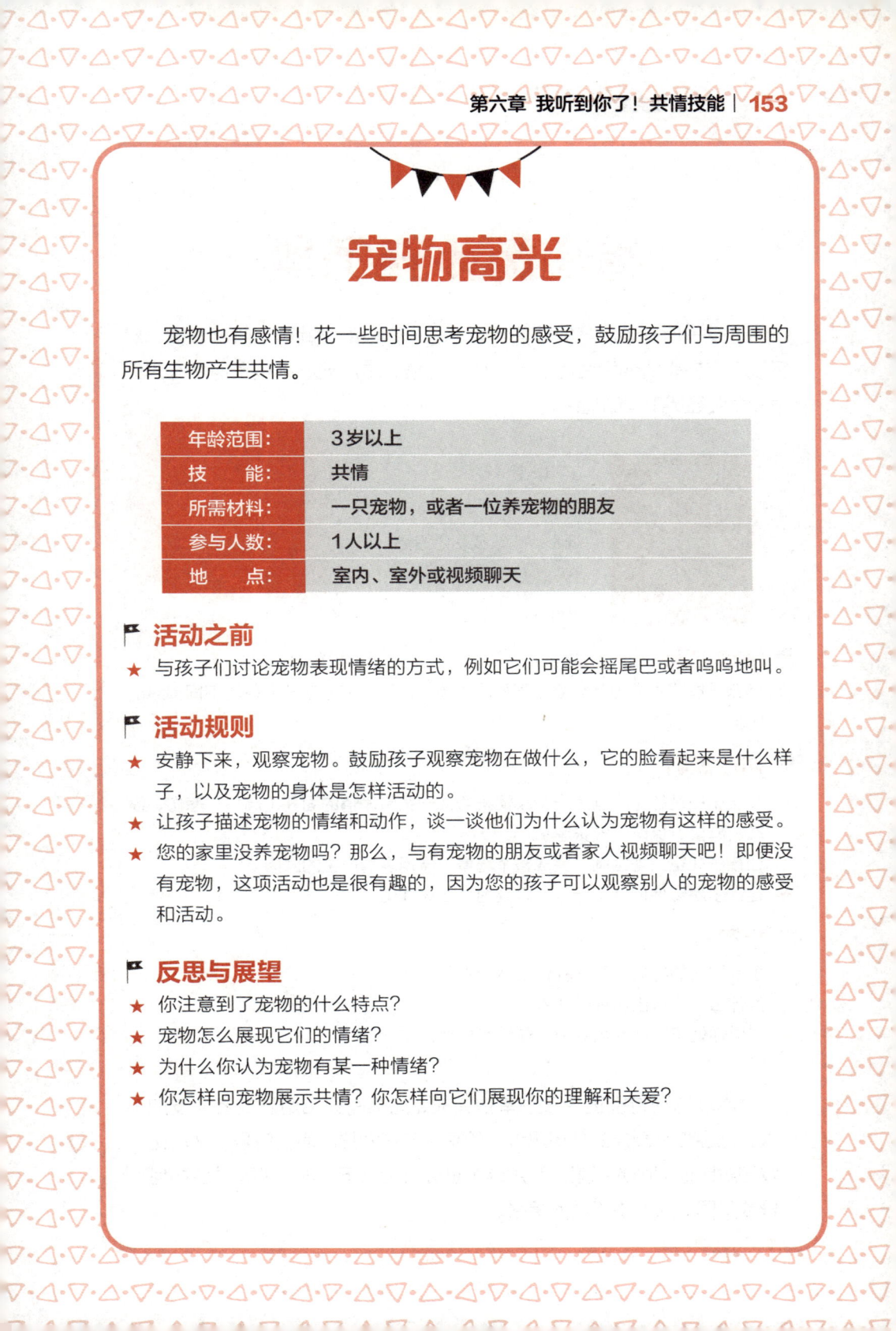

宠物也有感情！花一些时间思考宠物的感受，鼓励孩子们与周围的所有生物产生共情。

年龄范围：	3岁以上
技　　能：	共情
所需材料：	一只宠物，或者一位养宠物的朋友
参与人数：	1人以上
地　　点：	室内、室外或视频聊天

⚑ 活动之前

★ 与孩子们讨论宠物表现情绪的方式，例如它们可能会摇尾巴或者呜呜地叫。

⚑ 活动规则

★ 安静下来，观察宠物。鼓励孩子观察宠物在做什么，它的脸看起来是什么样子，以及宠物的身体是怎样活动的。

★ 让孩子描述宠物的情绪和动作，谈一谈他们为什么认为宠物有这样的感受。

★ 您的家里没养宠物吗？那么，与有宠物的朋友或者家人视频聊天吧！即便没有宠物，这项活动也是很有趣的，因为您的孩子可以观察别人的宠物的感受和活动。

⚑ 反思与展望

★ 你注意到了宠物的什么特点？

★ 宠物怎么展现它们的情绪？

★ 为什么你认为宠物有某一种情绪？

★ 你怎样向宠物展示共情？你怎样向它们展现你的理解和关爱？

给表情补充场景

这是一项充满创意的共情练习。在一张白纸中间画上脸部表情，然后孩子们在表情四周画出表情产生的场景。本活动鼓励孩子们思考人们为什么会经历不同的情绪。

年龄范围：	3岁以上
技　能：	共情
所需材料：	纸张、蜡笔或彩色铅笔
参与人数：	1人以上
地　点：	室内

🚩 **活动之前**
- ★ 向孩子解释人们为什么会有强烈的感情，让孩子们分享他们体验不同情绪的时刻。

🚩 **活动规则**
- ★ 在一张白纸的中心画上一个表情符号或一张带表情的面孔（高兴、悲伤、愤怒、恐惧、惊讶、紧张等）。
- ★ 让孩子在空白处画画，完成整个场景，展现表情产生的原因。
- ★ 让孩子解释他们画了什么，以及为什么这样画。

🚩 **反思与展望**
- ★ 思考别人的感受，是一种什么体验？
- ★ 为什么你会冒出这种想法？
- ★ 如果你处于同样的场景中，你会怎样做？

本项活动特别适合孩子单独完成。如果有兄弟姐妹或者朋友加入，也会带来额外的共情思考。给每个孩子同样的表情符号，然后比较和对比他们画的场景。利用这个机会讨论一下，同样的事件会如何导致不同的人产生不同的情绪。

变成台灯

在本项活动中，孩子们假装自己是房间里的一件物品，从物品的角度分享他们的观点。本活动鼓励孩子们超越自我视角来思考他人的经历。

年龄范围：	5岁以上
技　　能：	共情
所需材料：	纸张、铅笔（可选）
参与人数：	1人以上
地　　点：	室内

▶ 活动之前

★ 给孩子做出示范。例如，如果您选择做一个垃圾桶，可以说："人们一直往我身体里扔发臭的东西。我很郁闷，因为人们以为我只擅长装垃圾！"或者说："我盛下了这里每个人的垃圾，我让这个地方变干净了。"

▶ 活动规则

★ 选择房间里的一件物品（例如台灯、篮子、毯子或者垃圾桶）。
★ 向孩子发出挑战，让他们从物品的角度谈谈物品的感受。

▶ 反思与展望

★ 这项活动的有趣之处在哪里？
★ 以物品的视角思考是一种什么体验？
★ 这与你的自我视角有什么不同？

洞察力侦探

您可以为了这个侦查游戏戴上侦探帽！给孩子一种情绪指令，让他们讲述带有这种情绪的故事，但并不讲出情绪是什么，留给其他人猜测。本活动将有助于孩子学习获取情境中的线索，发现别人在讲述中暗藏的情绪。

年龄范围：	5岁以上
技　　能：	共情、沟通、积极倾听
所需材料：	无
参与人数：	2人以上
地　　点：	室内或视频聊天

⚑ 活动之前

★ 向孩子做出示范。如果既定情绪是"愤怒"，您可以讲述这样的故事："有一天，我在公园和妹妹玩飞盘游戏。我扔的飞盘从她的脑袋上方飞过，落在了我们身后的一些孩子手里。他们不把飞盘还给我们了！我的脸变得滚烫，心脏怦怦直跳。我冲他们大喊：'把飞盘还给我们！'"

⚑ 活动规则

★ 冲着一个孩子的耳朵轻声说一个情绪词。这个孩子将讲述一段他感受到该情绪的经历，或者含有该情绪的故事，但是他讲故事时不能提到这个情绪词。

★ 其他队员扮演侦探，听故事并寻找故事中的情境线索，猜测第一个孩子故事里的情绪。

★ 继续游戏，直到每个人都有机会讲故事。

⚑ 反思与展望

★ 在隐藏情绪词的情况下，哪种情绪更难描述？
★ 你在每个故事中找到了什么线索？
★ 在现实生活中，当人们讲述自己的经历时，你怎样使用这些侦查技巧？

同学提示

在学校里，孩子们可以全天练习共情思维。您可以在早上告诉孩子一名同学的名字，他的任务是关注该同学，尝试猜测他的感受。本活动有助于孩子发展共情思维，更好地理解他人。

年龄范围：	5岁以上
技　　能：	共情
所需材料：	无
参与人数：	1人以上
地　　点：	室内或室外

⚑ 活动之前

★ 向孩子们解释，本活动有助于他们更好地理解周围所有人。提醒孩子们，他们不需要分享自己的秘密任务，也不需要整日盯着同学。活动的目的是带着同理心观察他人，锻炼共情能力。您应该和孩子确定几个时间节点，在节点上观察同学。

⚑ 活动规则

★ 早晨在孩子上学前，告诉孩子一名同学的名字。孩子今天的任务就是关注这名同学，猜测他在一天内不同时段的感受。他可以在早上到校、跑步、午饭和放学时观察同学。如果孩子不是在固定班级上课，您可以选择1到2名同学供孩子观察。孩子们不需要告诉同学或其他人自己的任务。（如果您的孩子并非在校，而是在家接受教育，可以选择一位队友或者邻居朋友作为观察对象，完成本活动。）

★ 让孩子谈一谈自己的观察。他注意到了什么肢体语言？看到了什么面部表情？那时发生了什么事？

⚑ 反思与展望

★ 你在观察对象身上发现了哪些你以前没有注意到的新特点？

- ★ 你对他有了什么新看法?
- ★ 你还想知道他的哪些事?
- ★ 你怎样更好地了解他和他的经历?

采访祖父母

祖父母们有一肚子吸引人的故事和趣闻。给孩子一些时间，让他们采访祖父母，增进对他们的理解。这项练习有助于拓展他们对家人的共情和理解。

年龄范围：	5岁以上
技　　能：	共情、积极倾听
所需材料：	纸张、铅笔
参 与 人：	至少一个孩子和一位祖父母或者其他年长的家庭成员
地　　点：	室内、室外或视频聊天

⚑ 活动之前

★ 选择一名采访对象。如果您孩子的祖父母过世了，可以采访年长的邻居或者朋友的祖父母。

★ 提前询问孩子想了解祖父母的哪些故事或哪些经历，讨论可以提出的问题（例如兴趣、经历、最喜欢的回忆），以及尽量避免的问题（例如金钱、参战经历等）。您非常了解自己的家庭成员，一定知道哪些问题可以问，哪些问题会让他们感到不舒服。

⚑ 活动规则

★ 和孩子进行头脑风暴，写下采访祖父母的问题列表。以下问题可供参考：
　· 在城市/城镇/乡村长大，是一种什么体验？
　· 当您像我一样大的时候，和兄弟姐妹都玩什么？
　· 当您年幼的时候，出现很酷的新发明或者新技术了吗？
　· 您最喜欢的假期回忆是什么？
　· 您参加过什么活动？
　· 您还是小孩的时候，最喜欢吃什么饭菜？
　· 您和家人度假时会做什么？

★ 为了让孩子们适应采访，让他们在真正的采访前进行练习。
★ 为孩子们安排一个时间当面、电话或视频采访祖父母。

⚑ 反思与展望

★ 采访他人是一种什么体验？
★ 你对采访对象有了什么新认识？
★ 你发现自己与采访对象存在哪些共同点？
★ 这次采访怎样改变了你对采访对象的看法和理解？

换位思考

本项活动鼓励孩子们走出自己的世界，与他人换位思考。想象一下过一天他人的生活会是什么样子，有助于孩子思考他人的日常经历。

年龄范围：	5岁以上
技　　能：	共情
所需材料：	纸张、铅笔
参与人数：	1人以上
地　　点：	室内

⚑ 活动之前

★ 解释"换位思考"的含义。换位思考是指我们站在别人的立场上体验和思考他们的生活和经历。

⚑ 活动规则

★ 为本活动选择一名对象（真实人物、书中或者电视上的角色）。
★ 首先，让孩子们想一想成为这名对象会是什么样子。
★ 然后，孩子们想象以对象的视角过一天或者一周，用故事的形式表达出来。
★ 让孩子们分享自己的故事。

⚑ 反思与展望

★ 这项活动的有趣之处在哪里？
★ 这项活动的难点是什么？
★ 写故事时，你发现自己对目标对象有了哪些新的认识？
★ 为什么你认为"换位思考"十分重要？

观察公园游客

培养共情技能有时非常简单，只需要我们静静坐在角落里观察行人。您可以带孩子去公园、城市街道或者繁华的市中心，观察身边的人。与孩子们交谈，鼓励他们关注路人的特点和经历。

年龄范围：	5岁以上
技　　能：	共情
所需材料：	无
参与人数：	1人以上
地　　点：	室外

⚑ 活动之前

★ 向孩子说明，你们并非讨论或者评判看到的人，而是观察他们，想象他们可能有什么经历。

★ 提醒孩子使用合适的音量进行对话，避免大声交谈，以免别人听到。家长向孩子展示在身处的环境里什么音量是合适的。

⚑ 活动规则

★ 带孩子去一处繁忙区域，找个地方坐下来。

★ 一起观察公园里或者马路上的人群。当人们经过时，您可以向孩子们提出疑问，示例如下：

- 我看到那位男士匆匆走过，我注意到他的眉头紧锁。我猜他因为某件事而感到着急或者担忧。
- 那位女士和孩子在开怀大笑，看起来他们很享受在一起的时光。
- 其他孩子在踢球的时候，有个男孩坐在边界线上。我想他感到很伤心或者被排挤了。

★ 鼓励孩子关注他人，口头描述他们看到了什么。

🚩 反思与展望

★ 观察人群的时候，你注意到了什么？

★ 为什么你认为花一些时间关注身边的人十分重要？

★ 观察他人怎样促进我们更好地理解他人？

共情地图

共情地图是一种视觉呈现形式，它将人们在某种情境中的思考对象和共情方式视觉化，有助于人们在特定情况下选择正确的方式进行共情。孩子们可以使用这一工具推测别人的想法和感受，然后思考自己应该怎样说、怎样做来共情。您可以创造一幅共情地图，帮助孩子真正理解现实生活中的共情。

年龄范围：	5岁以上
技　　能：	共情
所需材料：	纸张、记号笔
参与人数：	1人以上
地　　点：	室内

活动之前

★ 和孩子们进行头脑风暴，列出他们在学校、课外活动中或者公园里观察到的人们拥有强烈感情的场景。

★ 向孩子们说明，为了表示共情，需要显示自己对他人情绪的理解和关爱。我们要向他们展示，我们关心他们，尊重他们作为人的价值。

★ 在网上寻找不同种类的共情地图。

活动规则

★ 在纸张的顶端写下一种场景，可以是假设场景，或者是您的孩子观察到的真实场景。例如，您可以写："安娜带了泡菜作午餐，但是班里的其他人告诉她泡菜闻起来很恶心。"

★ 在场景的下方画四个方框，分别标上"思考""感受""说话"和"行动"。

★ 讨论目标对象的想法和感受，写在"思考""感受"这两个方框里。然后，让孩子思考应该怎样说话和行动来表达共情，您再把他们的想法写在"说话"和"行动"这两个方框里。

🚩 反思与展望

★ 你对这一场景中的目标对象有什么新的认识?
★ 你怎样向他人表现出你理解并关注他们的感受?

交换辩论立场

若想建立共情，很重要的一环是从他人的视角看问题。您可以组织一场友好的辩论，然后让孩子交换立场。站在对方的立场上来辩论，有助于孩子们扩展视野、增进理解和培养共情能力。

年龄范围：	6岁以上
技　　能：	共情、沟通
所需材料：	纸张、铅笔（可选）
参与人数：	2人以上
地　　点：	室内、室外或视频聊天

⚑ 活动之前

★ 选择一个辩论话题，然后给孩子们一点儿时间思考自己的观点。您可以让他们把想要在辩论中表达的观点写下来。提醒孩子们如何礼貌表达异议，例如"我听到了你的观点，但是我有不同的观点……"或者"这是一个有趣的观点，但是我认为……"。

⚑ 活动规则

★ 选择一个适合孩子辩论的话题，可以是上床时间、校服、看电子屏幕的时长或者其他他们非常关心的话题。

★ 孩子们将从正反两方展开辩论。例如，正方认为孩子们要在晚上7点上床睡觉，反方认为孩子们应该待到晚上8点30分再睡觉。

★ 孩子们辩论完之后，向他们提出挑战，让他们交换立场！

⚑ 反思与展望

★ 分享自己的观点时，你有什么感受？

★ 反驳别人的观点是一种什么体验？

★ 当你交换立场时，你意识到了什么？

★ 你的观点改变了吗？

第七章

一起玩乐！参与技能

什么是参与？

　　参与指的是与他人产生联系并进行有意义的互动的能力。大多数人会觉得初次见面时的参与十分困难，例如，孩子们在新环境中结识新朋友或新邻居，和公园里的陌生孩子一起玩游戏，或者加入他们到来之前就已开始的对话等这些与他人的初次互动都很困难。

　　与他人进行有意义的互动能够给孩子一种归属感和社会联系感，有助于他们在结识他人时找到共同点，并决定是否继续与其相处。结识各种各样的新朋友就可以培养参与技能。您可以带孩子去公园结识新的朋友，可以和新搬来的邻居聊聊天，还可以邀请孩子学校的新同学一起玩。让您的孩子有足够的机会与他人交往，这会让他们在面对新的社会环境时感到自信和能胜任一切。

参与看起来和听起来是什么样的？

　　参与外在表现为与他人交谈和互动，可以是一次私人谈话，也可以是与同伴一起玩。参与的外在表现包括：

★ 向他人提问，了解他们的个人情况，寻找共同的兴趣或经历
★ 加入他人正在玩的游戏
★ 加入其他同龄人之间的对话
★ 与他人展开有意义的合作

用儿童理解的语言解释参与的含义

您可以这样向孩子解释参与的含义：

你可以认识很多人，与他们一起聊天和玩耍！你会在社区、公园、学校和课外活动中遇见新朋友。与他们交谈，增进对他们的了解，和他们开展有趣的合作是十分重要的。参与指的就是我们如何与他人交谈、了解他人、与他人一起游戏与工作。

参与技能为什么重要？

所有年龄的人每天都在尝试和他人沟通，互相了解，找到共同的兴趣并开展合作，这是必备的社交技能。这些技能可以帮助孩子与他人互动，尤其是当他们在家庭之外成长和冒险的时候。当孩子们能够与他人交往时，他们会在社交环境中感到更加自信、更有胜算，并体验到归属感和联系感。

儿童使用参与技能的时机和地点

简单地说，凡是在与同伴展开互动的地方，都需要使用参与技能。一旦孩子们开始上学或参加课外活动，他们就要离开看护人的指导，独立地与他人交往。所以，尽早锻炼孩子们的参与技能，能让他们独自处理社会关系时更有自信。

本章预览

在本章中，您将看到鼓励孩子们发现与他人的共同点的游戏，以及帮助孩子们展开合作，重视彼此对团队的贡献的活动。您还会看到一些帮助孩子学会参与既有游戏或对话的活动，这种参与技能经常在公园操场和学校餐厅派上用场。

全员上车

在这个游戏中,"列车员"会喊出自己喜欢做或曾经做过的事情,任何喜欢做或曾经做过同样事情的人都会跳上火车。本活动将帮助孩子们发现自己与他人的共同之处,增进相互了解。

年龄范围:	4岁以上
技　　能:	参与
所需材料:	无
参与人数:	4人以上
地　　点:	室内或室外

⚑ 活动之前

★ 谈论孩子们可能会分享的事情,比如他们参加过的有趣的活动,他们在空闲时间喜欢做的事情,他们在学校喜欢做的事情,或者他们去过的地方。

⚑ 活动规则

★ 指定一名玩家担任列车员,请他起立。
★ 其他玩家扮演乘客,坐在列车员的前面。
★ 列车员大声说出自己喜欢做的事或曾经做过的事。例如:"我喜欢踢足球!"或者"我今年夏天去游泳了!"
★ 如果某名乘客也喜欢做这件事,或曾经做过同样的事,他要跳起来,登上列车员身后的火车。
★ 您可以让一名列车员进行2到3个回合,然后选择新的列车员,也可以一轮一换。
★ 继续游戏,直到每名玩家都当了几次列车员。

⚑ 反思与展望

★ 本活动的有趣之处是什么?
★ 当人们登上你的火车时,你感觉怎么样?

★ 没有人登上你的火车时,你感觉怎么样?
★ 你对活动成员有了什么新的了解?
★ 为什么你认为找到彼此的共同点十分重要?

加入游戏

随着年龄的增长,孩子们会离开父母的指导,独立玩游戏,这就需要具备加入同龄人游戏的社交技能。在本活动中,孩子们将练习加入别人已经在玩的游戏。

年龄范围:	4岁以上
技　　能:	参与、自我控制
所需材料:	根据所选游戏有所不同
参与人数:	4人以上
地　　点:	室内或室外

⚑ 活动之前

★ 与孩子们讨论怎样加入其他人已经在玩的游戏。

★ 提醒他们有以下策略:

- 听一会儿,看一会儿。看看这是什么游戏、是关于什么的。看看你是否熟悉这个游戏,或者你是否已经明白了规则。
- 注意是双人游戏、团队游戏还是个人游戏。
- 当游戏暂停或回合结束时,询问是否可以加入。
- 如果是双人游戏,询问能否实行胜者优先规则。如果是单人游戏,询问你是否可以加入下一轮。如果这是一个团队游戏,询问是否可以加入某个团队或在下一轮与某人交换。
- 如果你不熟悉游戏,那就等待一轮结束后,请别人教你怎么玩。

⚑ 活动规则

★ 选择一名玩家扮演"加入者"。

★ 加入者离开房间。

★ 其他玩家开始游戏。注意选择回合数较少的游戏,以方便加入者加入。您可以让孩子们玩井字游戏、问20个问题,甚至是猜字谜。

★ 让游戏进行1~2分钟,然后把加入者叫进来。

- ★ 加入者的任务是想办法以适当的方式，在合适的时间加入游戏，例如：
  - 嗨，我能加入你们吗？
  - 能否实行胜者优先规则？
  - 我能参加下一轮吗？
- ★ 当加入者找到加入游戏的方法并玩了几轮后，重新选择一名加入者。继续游戏，直到每个孩子都有机会扮演加入者。

⚑ 反思与展望

- ★ 做一名加入者是什么感觉？
- ★ 加入游戏的感觉怎么样？
- ★ 在游戏中，你是否感到其他人欢迎你的加入？
- ★ 当别人加入你正在玩的游戏时，你怎样让他感到自己受欢迎？

共同点

在这项定时的活动中,孩子们将会面临寻找共同点的挑战。本游戏将鼓励孩子们互相提问和参与。这是一项适合与家人之外的人——比如朋友或邻居——一起玩的趣味活动。

年龄范围:	5岁以上
技　　能:	参与、沟通、积极倾听
所需材料:	计时器、纸张和几支铅笔(可选)
参与人数:	4人以上(双数)
地　　点:	室内

▶ 活动之前
★ 想一想孩子们可以互相提问,以便于他们找到共同点的问题。例如,他们可以询问同伴最喜欢的颜色、食物、运动、书籍或动物,还可以问他们的生日是几月,他们在哪里出生的,或者他们是否有宠物。

▶ 活动规则
★ 玩家们两两配对,参加本活动。
★ 设定一个5分钟的倒计时。
★ 在5分钟内,要找到至少5个和搭档的共同之处。他们可以把共同点写在纸上,方便记忆。
★ 在一个回合末尾,每位搭档要和其他所有人分享他们的共同点。
★ 然后交换搭档继续游戏,直到每个人和其他所有人都结成过搭档。

▶ 反思与展望
★ 你对活动成员有了什么新的了解?
★ 你是否对自己与他人的共同之处感到惊喜?
★ 为什么你认为找到与彼此的共同点十分重要?

织网

在本项活动中，孩子们会使用可视化的形式展现他们的共同点。这是一个适合与家庭之外的孩子一起玩的趣味游戏。

年龄范围：	5岁以上
技　　能：	参与
所需材料：	纱线球
参与人数：	4人以上
地　　点：	室内或室外

⚑ 活动之前

★ 向孩子们展示怎样一只手抓住一条纱线，另一只手滚动这团纱线。

★ 与孩子们谈论他们可以分享的事情，比如他们最喜欢的零食、最喜欢的书、喜欢玩的游戏等。

⚑ 活动规则

★ 玩家围坐成一圈。

★ 家长给一名玩家一个纱线球。这名玩家会说出一些自己的真实情况，例如"我最喜欢的颜色是蓝色"。如果另一名玩家也喜欢蓝色，他就说："我也是！"这时，手握纱线球的玩家抓住线的一端，把纱线球滚到有共同点的玩家面前。如果没有人拥有共同点，那么第一名玩家会继续分享自己的事情，直到有玩家拥有共同点。

★ 手握纱线球的玩家继续分享自己的事情，并以同样的方式进行游戏。

★ 在整个游戏过程中，每名玩家都要抓住自己手中的纱线。当纱线球滚动的时候，玩家们会编织出一张网，代表他们之间的共同点。每名玩家可以多次拿到纱线球。

★ 继续分享，直到玩家织成一张不错的网。

🚩 反思与展望

★ 当有人说"我也是!"的时候,你感觉怎么样?

★ 你们织出的网怎么样?你认为这张网代表了什么?

★ 为什么你认为找到彼此的共同点十分重要?

谈话圈

本活动有助于孩子们学会加入对话的艺术。当一名玩家不在房间时，孩子们开始交谈，然后玩家进入房间，并找到方法加入对话。本活动将帮助孩子们掌握一个非常重要的沟通技巧，令他们终身受益。

年龄范围：	5岁以上
技　　能：	参与、沟通、积极倾听
所需材料：	无
参与人数：	3人以上
地　　点：	室内

⚑ 活动之前

★ 与孩子们谈论加入对话的方法，提醒他们使用以下策略：
- 听一会儿，发现对话的主题。
- 不要立刻插话或打断对话。
- 在对话中找到一些和你相关的内容。
- 等谈话中断时再加入。
- 说一些话来表明你与他们谈论的内容有关联。

⚑ 活动规则

★ 选择一名玩家扮演"加入者"，请他离开房间。

★ 其他玩家开始对话。孩子们可以自己选择话题，您也可以给他们一个话题，比如最喜欢的节目或最喜欢的运动。

★ 让谈话持续1~2分钟，然后把加入者叫进来。

★ 加入者的任务是想办法以适当的方式，在合适的时间加入对话，例如：
- 玩家1：我最喜欢的运动是棒球。我喜欢投球。
- 玩家2：我也喜欢棒球，但我更喜欢当游击手。我喜欢打地滚球。
- 玩家1：我从来没有当过游击手，但我打过一次一垒。
- 玩家2：我从来没有打过一垒，但我打过外场。

- 玩家1：我也打过外场。
- 玩家2：不过我真的很喜欢击球。这是比赛中我最喜欢的部分。
- 加入者：噢，你们是在说棒球吗？我也喜欢打棒球！今年我将成为接球手。

★ 当加入者找到加入游戏的方法之后，重新选择一名加入者。继续游戏，直到每个孩子都有机会扮演加入者。

⚑ 反思与展望

★ 当加入者是什么感觉？
★ 加入谈话是什么感觉？
★ 在谈话中，你是否感到其他人欢迎你？
★ 你怎样让新加入的人感到自己受欢迎？

　　作为家长，您需要帮助孩子练习加入对话的技能，甚至是加入成年人的对话。提前设想一下，当您在玩伴或朋友家里与其他大人谈话时，您的孩子突然想和您说话。帮孩子设计一个信号或者一个非语言沟通的方法，来让您明白他想说话，但又不想打断大人的谈话。孩子可以轻轻地碰一碰您的胳膊来表达需求，也可以隔着房间给您一个和平手势。创造一个你们双方都懂的信号，并做出及时的回应。通过练习，孩子们可以等待更长时间。

一样，一样，不一样

我们拥有共同之处，但也有不同之处。在本活动中，搭档们将发现他们的共同之处和不同之处，进一步强化他们的参与和沟通技能。

年龄范围：	5岁以上
技　　能：	参与、沟通
所需材料：	计时器
参与人数：	2人以上（双数）
地　　点：	室内

⚑ 活动之前

★ 与孩子们谈论怎样寻找自己和同伴的共同之处，比如谈论最喜欢的颜色、食物、运动、书籍或动物。

★ 提醒孩子怎样礼貌地回应同伴与自己的不同之处。例如，他们可以说："哦，这真有趣，但是我更喜欢这个……"不要说："什么？这太奇怪了！"

⚑ 活动规则

★ 玩家将在本活动中两两配对。

★ 设置3～4分钟的计时。

★ 搭档们需要在计时结束前找到两个共同点和一个不同点。

★ 时间一到，搭档们要分享彼此相同和不同的地方。

★ 交换搭档，再进行一轮游戏，直到大家都有机会搭档在一起。

⚑ 反思与展望

★ 你对活动成员有了哪些新的了解？

★ 你是否对自己和他人的共同之处感到惊喜？

★ 为什么你认为找到彼此的共同点十分重要？

★ 让我们之间产生不同点的事情怎样促进我们的成长？

第八章

掌控大权！自我控制技能

什么是自我控制？

　　自我控制是一项复杂的技能。孩子们会随着时间的推移，以不同的速率发展该技能。他们在自我控制的过程中，能够学会放慢步调，了解情境或环境信息后再采取行动。孩子们的自我控制是指孩子感知自己的身体和意识，控制自己的行为，思考将要说出的话会产生什么影响。孩子们很小就开始学习自我控制技能，这些技能会在未来很长一段时间内不断发展，直到他们长到二十多岁的年龄！

自我控制看起来和听起来是什么样的？

　　自我控制指的是抑制不适合特定社会环境或背景的行为，外在表现为一个人控制自己的身体，只说出友善和恰当的话。自我控制的范例包括：
- ★ 排队等待滑滑梯，而不是到前面插队
- ★ 举手发言，而不是脱口而出
- ★ 把不好的想法藏在心里，而不是说出来

用儿童理解的语言解释自我控制的含义

　　您可以这样向孩子解释自我控制的含义：

　　　　每个人都有很多想做的事或想说的话，但是有时它们并不恰当。我们的行为可能不符合当下的情境。我们的话可能会伤害别人的感情，或者打扰正在工作或试图集中注意力的人。自我控制技能让你

控制自己的身体、行为和语言，思考想做的事和想说的话，看看它们是否符合自己所处的情境。

自我控制技能为什么重要？

自我控制对社交十分重要。思考自己的行为和决策对周围人的影响，有助于孩子们建立、发展和维持社会关系。自我控制也会影响同龄人和成年人对自己的看法，从而改变孩子的自我认知。自我控制还会影响孩子们在学校或活动中的体验。在学校，具备自我控制能力的孩子可以更有意义地参与课程和同龄人的活动，而那些无法控制自己身体的孩子则更难集中精力完成任务，较难获得必要的信息和指导。

儿童使用自我控制技能的时机和地点

孩子们在任何情况下都有使用自我控制技能的机会：

★ 在家里，孩子们等父母打完电话后再询问晚餐吃什么，这是自我控制的表现。

★ 在社区里，孩子们轮流玩游戏，而不是直接从朋友手里抢走球，这是自我控制的表现。

★ 在学校，孩子们上课时坐姿端正，认真听课，这是自我控制的表现。他们使用自己的材料或向别人借材料，而不是直接从同学的桌上拿材料，这是抑制冲动的表现。

★ 在运动场上，自我控制表现为遵守比赛规则，不向对方队员做出犯规动作。

★ 在公共场合，孩子们耐心排队，不从商店货架上抢东西，使用适当的音量，这些都是自我控制的表现。

本章预览

在本章中，您将发现一些帮助孩子掌握重要的自我控制技能的游戏和活动，这些技能包括抑制冲动、控制身体、延迟满足等。让孩子学会停下来，从身边的人身上或周边环境里获取信息，思考之后再采取行动，指导孩子做自己身体的主人，从而掌控自我行为。孩子们要经历一个学习的过程，您需要在他们学习时保持耐心。

车库乐队

给每个孩子一件"乐器",创作一些音乐。在本活动中,孩子们将轮流进行指挥和演奏不同的乐器,在等待喜欢的乐器时体验延迟满足,还要学习听从乐队指挥的指令。

年龄范围:	2岁以上
技　　能:	自我控制、积极倾听、听从指令、分享
所需材料:	各种乐器或者可以用来演奏的家居用品,如锅、木勺、装有大米或豆子的塑料瓶、风铃等。让孩子们帮忙在家里寻找可以当作乐器的物品!
参与人数:	3人以上
地　　点:	室内或室外

⚑ 活动之前

★ 向乐队成员谈一谈怎样听乐器的节拍。演奏一种乐器,打出其中的节拍。教孩子们一边仔细听,一边用手打节拍。

★ 如果您担心乐队成员可能会因为某些乐器发生争执,要提醒他们:每位成员不可能每次都拿到自己首选的乐器,但是乐器会进行传递,所以每个人都有机会演奏每种乐器。

⚑ 活动规则

★ 每人选择一件乐器,然后围坐成一圈。

★ 每人轮流担任车库乐队的指挥。指挥需要设定一首歌曲的节拍,其他成员用他们自己的乐器跟随节拍演奏。

★ 1～2分钟后,停止演奏歌曲。乐队成员将手中的乐器向左传递,并且为车库乐队选出一名新指挥,进行下一轮演奏。

★ 继续游戏,直到每个人都有机会当一次车库乐队的指挥。

⚑ 反思与展望

★ 本活动的哪一环节得到了你的青睐?

★ 本活动的难点是什么？
★ 当指挥是一种什么体验？
★ 等待自己想要的乐器是什么样的感觉？
★ 你怎样用自己的身体感受指挥选择的歌曲节拍？
★ 如果你想要演奏自己的歌曲，你怎样控制自己的身体？

定格舞

在这个充满活力的游戏中,孩子们将伴随音乐摆动身体,在音乐停止时定格身体,锻炼自我控制能力。本活动锻炼孩子们在特定的情况下或环境中听从指令,控制身体,是一项很好的练习。

年龄范围:	2岁以上
技　　能:	自我控制、积极倾听
所需材料:	音乐
参与人数:	3人以上
地　　点:	室内或室外

⚑ 活动之前

★ 向孩子们说明规则,讨论怎样在自己的专属空间里安全地跳舞。

⚑ 活动规则

★ 玩家站在自己的专属空间里进行游戏。
★ 播放音乐。
★ 当音乐开始时,玩家开始跳舞。他们需要注意其他人,确保自己没有撞到其他玩家。
★ 当音乐停止时,所有玩家必须在他们的专属空间内定格!
★ 没有在两秒内定格的玩家将被淘汰,要立即坐下。
★ 站到最后的玩家获胜。
★ 如果要增加难度,可以将停止播放音乐改为家长大声喊"定住!"。玩家必须积极倾听您的声音,并控制自己的身体,以免在喊停后忍不住随着音乐继续跳舞。

⚑ 反思与展望

★ 这项活动的难点是什么?

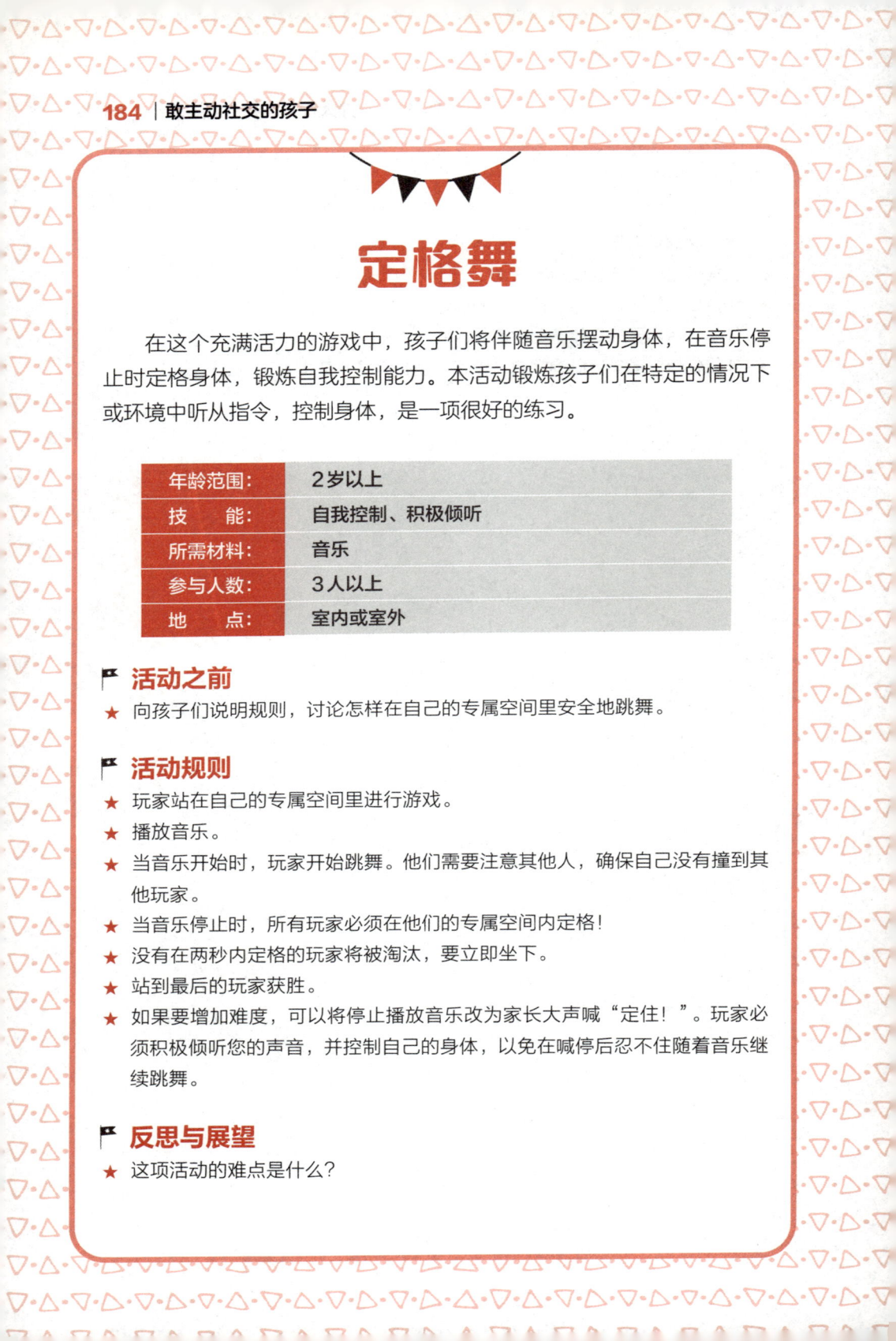

★ 这项活动的乐趣是什么?
★ 你怎样调整自己,使自己可以在音乐暂停的时候定格?
★ 当你听从指令定格动作的时候,感觉怎么样?

拍打模式

这个有趣的倾听游戏是练习自我控制和积极倾听的好方法。孩子们需要集中注意力跟上领导者的拍打模式，并保持对自己身体的控制。看看您可以在原有的模式中添加多少动作！

年龄范围：	2岁以上
技　　能：	自我控制、积极倾听
所需材料：	无
参与人数：	2人以上
地　　点：	室内或室外

⚑ 活动之前

★ 向孩子们解释规则，讨论玩家应当怎样专注于拍打模式。提醒他们排除杂念，仔细观察和倾听。

★ 与孩子们谈一谈，如果因为没跟上某部分拍打模式而感到沮丧，他们可以深呼吸，再试一次。

⚑ 活动规则

★ 玩家可以围坐成一圈，或者面对家长坐下。

★ 在本活动中，家长将展示一个规律的拍打模式，其他玩家照此拍打。

★ 家长开始进行拍打模式，例如鼓掌和拍膝盖：鼓掌，拍膝盖，鼓掌，拍膝盖，鼓掌，拍膝盖。

★ 其他玩家跟着模仿这个拍打模式。

★ 当玩家掌握了这个拍打模式后，家长可以扩充动作模式。例如，家长可以改为鼓掌，拍膝盖，拍膝盖，鼓掌，拍膝盖，拍膝盖，鼓掌，拍膝盖，拍膝盖。持续进行新模式，直到所有玩家都跟上模式。

★ 看看您可以添加多少个动作！

🚩 反思与展望

★ 你怎样调整自己并跟上模式?
★ 当自己没跟上模式时,你感觉怎么样?
★ 你怎样重新跟上模式?

平静瑜伽组合

瑜伽是一种有效锻炼自我控制的活动。缓慢、有目的的瑜伽动作非常适合用于训练身体控制、身体意识和注意力。打开您的瑜伽垫，让孩子尝试一些瑜伽姿势，使他们平静下来，提高自控力！

年龄范围：	2岁以上
技　　能：	自我控制
所需材料：	瑜伽垫（可选）
参与人数：	1人以上
地　　点：	室内或室外

⚑ 活动之前

★ 向孩子们示范每个瑜伽姿势。谈一谈缓慢运动和控制动作以避免受伤的重要性。

⚑ 活动规则

★ 使用瑜伽垫，或者直接平躺在地毯上、草地上。

★ 要求孩子们保持对自己身体的控制，遵循平静瑜伽组合的顺序：
- 仰尸式：仰卧平躺，双臂伸出置于身体两侧。保持这个姿势，慢慢地深呼吸两分钟。
- 初学者树式：保持站立姿势。将左脚放在右脚踝内侧。双手交叉置于胸前。如果需要一些辅助来保持平衡，可以伸直双臂，与肩膀保持平齐，做类似树枝的动作。保持这个姿势30秒。换一边，将右脚放在左脚踝内侧，重复动作。
- 椅式：手臂伸直，置于胸前。慢慢弯曲膝盖，臀部向后坐，就像要坐在椅子上一样。保持这个姿势30秒。
- 蛙式：继续朝向地面放低臀部，两膝分开，双手置于胸前。保持这个姿势30秒。
- 仰尸式：恢复仰尸式，平稳地呼吸。保持这个姿势2～3分钟。

⚑ 反思与展望

★ 做每个姿势时,你感觉怎么样?
★ 在做这些姿势时,你怎样控制自己的身体?
★ 你怎样发现自己无法控制自己的身体?
★ 完成本活动之后,你的身体感觉怎么样?

　　研究显示,瑜伽对孩子有很多好处!练习瑜伽有助于孩子们调节情绪和控制焦虑,还可以提高他们的身体意识、力量、灵活性、注意力和记忆力。研究还表明,经常练习瑜伽有助于孩子抑制冲动。孩子们定期练习瑜伽,会给社交、行为、情感和学业发展带来益处!

轻拍气球

在这项快节奏的活动中,孩子们需要拍打指定气球,忽略其他气球,以此练习自我控制。本活动有助于孩子们练习排除外部干扰,专注于特定的任务,这一技能会在学校派上用场。

年龄范围:	3岁以上
技　　能:	自我控制
所需材料:	5～10只各种颜色的气球
参与人数:	4人以上
地　　点:	室内或室外

⚑ 活动之前

★ 向孩子们仔细说明规则,提醒玩家注意安全规则,比如只能用手来玩游戏。
★ 给气球充气。

⚑ 活动规则

★ 玩家围站成一圈。
★ 玩家将来回轻拍气球,但禁止碰触某些特定气球!
★ 规定玩家应该拍哪些颜色的气球。例如,他们只能轻拍蓝色和红色的气球,不能拍绿色和黄色的气球。
★ 玩家需要自我控制,只拍打指定颜色的气球。
★ 家长向玩家围成的圆圈上空扔气球,发布指令:"开始!"
★ 如果一名玩家拍了禁止触碰的气球,他必须将一只手背到身后。如果再碰到一次,他将遭到淘汰,要立即坐下。
★ 当所有气球落地之后,重新开始一局游戏,之前坐下的玩家可以重新加入游戏。
★ 您可以每轮更换气球颜色,增加难度。

⚑ 反思与展望

★ 这项活动的难点是什么？有趣之处是什么？

★ 当你轻拍了一只禁止触碰的气球时，你是什么感觉？

★ 你用什么方法帮助自己记住哪些气球可以拍，哪些不能拍？

冻结标签

这项活力四射的活动源自大家熟悉的贴标签游戏。当孩子们被贴上标签时，他们就会被"冻结"在当前的位置上，需要完全控制住身体。本活动有助于孩子们培养身体意识和自我控制能力。

年龄范围：	3岁以上
技　　能：	自我控制
所需材料：	无
参与人数：	4人以上
地　　点：	室外

⚑ 活动之前
★ 向玩家详细解释游戏规则。
★ 告诉他们怎样安全而温柔地给他人贴标签，以及怎样把手放在他人的肩膀上"解冻"他们。

⚑ 活动规则
★ 选择一名玩家扮演"冰柱"，他负责给其他玩家贴标签。
★ 如果一名玩家被冰柱贴上标签，他将被冻结在被标记时所在的位置上。
★ 被冻结的玩家需要保持冰冻状态，直到另一名玩家将双手放在他们的肩膀上解冻他们。
★ 当所有玩家都被冻结了，或到达指定时间时，游戏结束。
★ 换一人扮演冰柱，再玩一轮。

⚑ 反思与展望
★ 当你被冻结在原地时，你的身体是什么感觉？
★ 身体保持冻结的姿势有多难？
★ 你怎样保持身体不动？

大声点儿，小声点儿

在本活动中，孩子们将练习控制他们的身体运动强度，该技能将在合作游戏和运动中派上用场。本活动还可以训练孩子们的积极倾听技能。

年龄范围：	3岁以上
技　能：	自我控制、积极倾听
所需材料：	无
参与人数：	2人以上
地　点：	室内或室外

⚑ 活动之前
★ 向孩子们示范所有动作的做法，让玩家练习怎样声响更大或更小地做每个动作。
★ 请玩家分享他们将怎样调节音量，确保他们在游戏中听到指令。

⚑ 活动规则
★ 玩家站在自己的专属空间里。
★ 家长喊出一个制造噪声的动作，如跺脚、拍手、打响指等。
★ 玩家开始做出动作。
★ 家长喊"更响一点儿！"或"小声一点儿！"。
★ 玩家继续做动作，但比之前的动作更大声或更小声。
★ 家长可以重复动作指令，在"更响一点儿！"和"小声一点儿！"之间切换，也可以喊出一个新的动作指令。

⚑ 反思与展望
★ 当你让动作发出更响亮的声音时，你的身体感觉怎样？
★ 当你让动作发出更小的声音时，身体感觉怎样？
★ 你认为我们在什么情况下或什么地方，需要大声或小声地做事情？

西蒙说

这是一项历史悠久、广受好评的活动,有助于孩子们有效地练习积极倾听和自我控制技能。他们需要密切注意领导者的指令,区分哪些指令要遵循,哪些指令要忽略。

年龄范围:	3岁以上
技　能:	自我控制、积极倾听、听从指令
所需材料:	无
参与人数:	2人以上
地　点:	室内、室外或视频聊天

⚑ 活动之前
★ 向孩子们说明规则。让玩家分享自己的想法,谈一谈当听到不以"西蒙说"开头的命令时,他们将怎样控制自己的身体。

⚑ 活动规则
★ 玩家站在家长前面。
★ 家长下达指令。
★ 玩家只能执行以"西蒙说"开头的指令。您也可以选择使用自己的名字。例如,玩家应该只听从以"妈妈说"开头的指令,他们要听从"妈妈说单脚跳"的指令,而不遵循"单脚跳"的指令。
★ 如果玩家执行了不以"西蒙说"开头的指令,他们将遭到淘汰,要立即坐下。
★ 坚持到最后的玩家获胜。您可以选择让胜利者成为领导者继续游戏。

⚑ 反思与展望
★ 你怎样调整自己,知道该做哪些动作?
★ 当你听到一个不以"西蒙说"开头的指令时,你的身体有什么感觉?

魔镜，魔镜

魔镜，魔镜，谁的自控力最强？在本游戏中，孩子们会模仿对方的动作，通过观察肢体语言来练习自我控制。

年龄范围：	3岁以上
技　　能：	自我控制
所需材料：	无
参与人数：	2人以上（双数）
地　　点：	室内或室外

⚑ 活动之前

★ 给孩子们一些时间讨论他们可能需要使用哪些策略，或者怎样在活动中取得成功。

⚑ 活动规则

★ 玩家两两面对面站立，间隔两英尺[1]。
★ 一名玩家扮演行动者，另一名玩家扮演镜子。
★ 行动者在他们的专属空间里做动作或做出不同的表情。
★ 镜子模仿行动者的动作，尽力成为行动者的镜像。
★ 几分钟之后交换角色。

⚑ 反思与展望

★ 当镜子是一种什么体验？
★ 当行动者是一种什么体验？
★ 当你扮演镜子时，如果行动者动作太快，你是什么感觉？
★ 在本活动中，你的身体出现了什么感觉？
★ 你采取了哪些策略帮助自己更好地扮演镜子？

---

1. 1英尺约0.3米。——译注

白金汉宫

你能把卫兵逗笑吗？逗你的人能让你发笑吗？在这个训练自我控制的游戏中，孩子们要轮流尝试逗别人笑，而游戏的目的是憋住笑。这项滑稽的活动可以让孩子练习在特定情况下控制笑声（哪怕是面对很可笑的事情！）。

年龄范围：	3岁以上
技　　能：	自我控制
所需材料：	无
参与人数：	2人以上（双数）
地　　点：	室内、室外或者视频聊天

⚑ 活动之前

★ 观看白金汉宫卫兵的网络视频。

★ 给逗人的玩家制定基本规则，规定能做什么和不能做什么。例如，逗人的玩家不能碰卫兵，但可以唱歌和做鬼脸！

★ 让孩子们谈一谈，他们当卫兵时可能会使用哪些策略，来帮助他们避免被逗人的玩家的滑稽动作逗笑。

⚑ 活动规则

★ 玩家两两面对面站立，间隔两英尺。

★ 一名玩家扮演卫兵，另一名玩家扮演逗人笑的角色。

★ 逗人的玩家的目标是让卫兵笑，而卫兵的目标是不笑。

★ 如果逗人的玩家逗笑了卫兵，就交换角色。如果有两名以上的玩家，玩家可以在两轮后交换搭档。

⚑ 反思与展望

★ 当卫兵是一种什么体验？

第八章 掌控大权！自我控制技能 | 197

★ 当逗人的玩家是一种什么体验？
★ 当你扮演卫兵的时候，你用了什么方法让自己不笑？
★ 你认为还可能在哪些场合使用这些策略？

数到五益智问答

　　该问答游戏有一项特殊规定：孩子们轮流回答益智问题，但他们必须在回答前从一数到五。本活动训练孩子们在回答问题时进行自我控制和冲动控制（他们未来的老师会感谢您的！）。

年龄范围：	3岁以上
技　　能：	自我控制
所需材料：	有关不同话题的问题列表或笔记卡片（如家庭、电视节目或玩家比较了解的其他话题）
参与人数：	2人以上
地　　点：	室内或室外

⚑ 活动之前

★ 重温游戏规则，让孩子们模拟在回答问题之前从一数到五。要求他们慢慢地数到五，不要着急。

★ 让玩家分享一下怎样提醒自己在回答问题前数到五。

⚑ 活动规则

★ 读出列表或卡片上的问题。

★ 玩家必须数到五后才能回答这个问题。年幼的玩家可以出声数，年龄大一些的玩家可以默数。

★ 如果玩家没有数到五就脱口说出答案，则不得分。如果玩家数到五，但回答错误，将得1分。如果玩家数到五，并回答正确，将得2分。

★ 当有玩家得到20分时，游戏结束。

⚑ 反思与展望

★ 当你意识到自己没数数就回答了问题时，你是什么感觉？

★ 你使用了什么方法让自己在回答问题之前停下来数数？

★ 你认为在什么情况下说话之前先停一下会比较好？

我可以……吗?

在这个请求许可的游戏中,孩子们会先练习提出要求,然后练习如何接受回应,哪怕是否定的回应。在游戏中,孩子们将轮流请求向前靠近,家长将批准或拒绝他们的请求。当孩子们无法做自己想做的事情时,正是锻炼自我控制能力的好时机。

年龄范围:	3岁以上
技　　能:	自我控制、积极倾听、沟通
所需材料:	无
参与人数:	2人以上
地　　点:	室内或室外

⚑ **活动之前**

★ 向孩子们解释规则,提醒玩家他们可能会听到肯定或否定的答案。

★ 与孩子们讨论一下,如果接收到否定的答案,他们要怎样应对失望。例如,他们可以深呼吸或者说:"好吧,可能要等下一次吧!"

⚑ **活动规则**

★ 玩家将站在房间的另一边,请求向家长靠近。

★ 玩家将轮流向家长请求靠近,可以这样说:
  · 我可以向前跳四步吗?
  · 我可以向前迈三步吗?
  · 我可以向前跳五步吗?

★ 家长可以回答"是,你可以"或"不,你不可以"。

★ 如果玩家没有使用"我可以……"作为句子的开头,他们将无法前进。

★ 当所有玩家都到达家长的位置时,游戏结束。

⚑ **反思与展望**

★ 当家长说"是"的时候,你感觉怎么样?

★ 当家长说"不"的时候,你感觉怎么样?你怎样处理失望的情绪?

★ 你认为还有哪些场合,家长可能会拒绝你的要求?你会怎样处理自己的失望呢?

准备，开始，跳舞

在这个趣味运动游戏中，孩子们将在高能情况下练习身体控制和积极倾听。当孩子们在运动时，家长会发出指令。由于这些指令可能会暗藏玄机，孩子们必须认真听！

年龄范围：	3岁以上
技　　能：	自我控制、积极倾听
所需材料：	无
参与人数：	4人以上
地　　点：	室内或室外

⚑ 活动之前

★ 向孩子们说明规则。让玩家谈一谈，听到跳舞和停止指令时，应当怎样控制身体。

⚑ 活动规则

★ 玩家站在自己的专属空间里。
★ 家长喊出指令："准备，开始，跳舞！"
★ 当家长说"准备，开始，停止！"时，玩家停止跳舞。
★ 把"跳舞"和"停止"与一些发音相近的词语[1]混在一起喊，比如：
　・"准备，开始，条件！"
　・"准备，开始，跳绳！"
　・"准备，开始，跳远！"
　・"准备，开始，笤帚！"
　・"准备，开始，跳高！"
　・"准备，开始，停滞！"

---

1. 原文在口令中加了很多和"dance""stop"发音相近的词，直译成中文无法体现出原意图，所以做了本土化处理。——译注

- ·"准备，开始，挺直！"
- ·"准备，开始，亭子！"
- ·"准备，开始，瓶子！"
- ·"准备，开始，提子！"
- ·"准备，开始，厅！"

★ 如果您想增加游戏的竞争性，可以淘汰听错指令的玩家，让他们立即坐下。坚持到最后的玩家获胜。

⚑ 反思与展望

★ 本活动的难点是什么？
★ 本活动有趣在哪里？
★ 你怎样调整自己，知道该做什么？
★ 当你听到家长说的不是"跳舞"或"停止"时，你的身体是什么感觉？

气球排球

在这个经过改良的排球游戏中，孩子们将练习适应不断变化的要求。游戏一开始，他们可以使用两只手轻拍气球，但随着游戏的进行，他们将每次只能用一只手拍打。具备适应不同要求的能力，将使孩子在学校、运动和游戏环境中受益。

年龄范围：	3岁以上
技　　能：	自我控制
所需材料：	一只气球、做排球"网"的物品（如晾衣绳或床单，可选）
参与人数：	2人以上
地　　点：	室内或室外

⚑ 活动之前
★ 重温规则并示范怎样将气球轻拍过网。

⚑ 活动规则
★ 将玩家分成两队，分别位于球网的两侧（球网也可以是想象的），玩家双腿交叉坐在地上。用气球充当排球。
★ 开始游戏时，允许玩家用双手轻拍气球过网。
★ 在玩家掌握技巧之后，要求玩家坐在一只手上玩游戏。
★ 当玩家再次掌握了窍门后，让他们换一只手。
★ 您可以选择计分。如果一队的气球落到地上，则另一队得1分。如果一名玩家把手从屁股下抽出来击球，则另一队得1分。

⚑ 反思与展望
★ 当气球向你飞来时，你的身体是什么感觉？
★ 当你坐在一只手上，气球向你飞来时，你的身体是什么感觉？
★ 你使用了哪些方法来控制身体？

碰碰车大清扫

这个活力四射的游戏可以让孩子们动起来，同时要求他们格外留意周围的环境。孩子们要带着他们的呼啦圈"碰碰车"收集球，但必须避免撞到别人！一边完成任务，一边留意他人，并保持对自己身体的控制，并非一件容易的事情。本项练习可以让他们在游戏、运动和学校环境中受益。

年龄范围：	3岁以上
技　　能：	自我控制
所需材料：	呼啦圈（每个孩子一个）、水桶、20个以上的球或小玩具
参与人数：	4人以上
地　　点：	室外（草地上）

⚑ 活动之前
★ 向孩子们说明规则，提醒玩家要控制好自己的身体，并留意其他玩家。

⚑ 活动规则
★ 所有玩家站在呼啦圈里，然后让呼啦圈围在腰间。把球或玩具分散放置在整个游戏区域内，并在区域里放置一个桶。
★ 玩家在草地上奔跑，一次捡起一个球或玩具，把它放入桶中。
★ 玩家在跑步时不可以撞到其他人！如果他们的呼啦圈碰到了别人的呼啦圈或身体，他们需要从桶里拿出2到3个球或玩具放回草地上。
★ 当玩家捡完所有的球或玩具时，游戏结束。

⚑ 反思与展望
★ 当你看到有人提着呼啦圈向你过来时，你有什么感觉？
★ 有人撞到你时是什么感觉？
★ 你撞到别人时是什么感觉？

★ 你使用了哪些办法来避免撞到其他玩家？

★ 你还能想到什么时候或在哪些场合，需要我们注意自己的身体，避免撞到别人？

　　身体控制是一种伴随着时间的推移不断发展的技能，它需要孩子们适应自己的身体和周围的空间。随着年龄的增长，孩子们能够更好地整合自身和周边的感官信息，从而安全地移动和定位自己的身体。如果您的孩子一开始觉得本项活动有难度，没有关系！同时获取所有的感官信息本来就是一项艰巨的任务。坚持练习，给他们尝试的机会。

第九章

保持冷静！情绪调节技能

什么是情绪调节？

情绪调节指的是一个人识别和管理情绪的能力。随着时间的推移，孩子们的技能发展速度会出现个体差异。新生儿缺乏情绪调节技能，需要依靠看护人的帮助去调节情绪。而随着孩子们逐渐学会自主调节，并接受有关自我安慰的指导，他们能够更好地应对恐惧、悲伤和愤怒等情绪。

调节情绪有几个影响要素。比如，孩子们需要具备识别自己情绪的能力。毕竟，当一个人无法确定现有情绪时，他将很难进行情绪调节。要做到识别情绪，孩子们需要意识到情绪，并能使用合适的词语表达情绪和身体感受。当孩子们感到心里七上八下，心脏怦怦直跳，切身感受到"担心"这个词的含义时，他们便有了一些新的体会：首先，身体感受并不那么可怕；其次，掌握处理或调节情绪的策略是十分必要的。

这正是本章内容的重要价值所在！认识各种冷静策略，并大量地付诸实践，是培养情绪调节技能的重要环节之一。

情绪调节看起来和听起来是什么样的？

情绪调节的外在表现形式因人而异。孩子们通过练习冷静策略，可以找到适合自己的技巧。鉴于冷静策略不具备绝对的适用性，家长有必要让孩子们接触各种各样的冷静策略，帮助他们发现适用于自身的调节方法。在本章中，您将和孩子开展一系列平复和调节情绪的活动。孩子们感知到强烈情绪的时候，便可以将其付诸实践。当孩子们情绪强烈的时候，有的孩子喜欢向他人倾诉，整理自己的情绪，使自己冷静下来，继续前进；有的孩子则喜欢独自休息一下，通过涂颜色、画画或写日记等方式来处理自己的感受；还有的孩子可能需要花时间四处走走，释放情绪带来的能量和紧张感。调节情绪的活动示例如下：

★ 控制呼吸
★ 渐进式肌肉放松
★ 冥想
★ 写日记
★ 体育锻炼
★ 自言自语（比如讲一些口头禅或镇定语）

用儿童理解的语言解释情绪调节的含义

您可以这样向孩子解释情绪调节的含义：

我们有时会有很强烈的情绪。我们可能会感到悲伤、愤怒、沮丧、不知所措、紧张或担心。所有这些情绪都是正常的！所有人都会有这些情绪，它们十分有用，可以让我们知道什么时候会有危险，什么时候出现不公平现象。但是，这些情绪也可能会阻碍我们思考或者做必要的事情。我们可能会心跳加快、呼吸急促，还可能腹痛，或者感到不安。这样一来，我们也许真的很难思考问题或整理自己的思绪。

当这种情况发生时，很重要的一点是找到让情绪好起来的办法。当你的身体和精神紧绷起来时，它们就像跑道上的赛车，正在以最快的速度飞驰！发动机轰轰作响，汽车越来越难控制！如果我们不放慢车速，发动机可能会过热，汽车可能会撞车，还可能造成人员受伤。因此，我们得想办法给汽车降降速，给发动机降降温。

有时，我们的身体就像那台轰鸣的发动机。我们需要采取一些方法，帮助身体镇定和冷静下来。你可以尝试慢慢呼吸，可以进行体育锻炼，释放快速涌动的能量，还可以写下或画出自己的感受。总之，你可以采取许多方法处理强烈的情绪，让身体和心灵都平静下来，重新去做需要做和想做的事情，并从中获得乐趣！

情绪调节技能为什么重要？

情绪是一种有益的反馈，有助于我们理解世界上发生在我们身边的事情和经历。但当情绪引发的生理反应占据主导地位时，我们很难正确地思考、计划和工作。例如，当愤怒主导我们的行为时，我们真的很难完成学习任务，或者有效地融入同龄人的群体。因此，孩子（和成年人）需要练习和培养识别、调节情绪的重要技能，这样他们才能以积极的方式做出决定、计划行动、沟通、与同伴互动。

儿童使用情绪调节技能的时机和地点

在家里与兄弟姐妹发生争执时，某位队员在体育比赛中不公平地竞争时，学校的小组成员对完成任务的方法有异议时，妈妈在杂货店拒绝买冰激凌时，孩子们都需要使用情绪调节技能。一般来说，当一件事不公平、令人失望、引发矛盾、令人兴奋、过度刺激或者令人恐惧时，情绪调节技能就会派上用场。

本章预览

在本章中，您将看到如何帮助儿童培养适龄的情绪调节技能。您将学习看护人如何进行情绪反馈，如何建立常规行为培养孩子安全感和界限感，如何搭建孩子休息和调节情绪的家庭空间。本章介绍的所有活动都致力于让孩子们做好准备，在必要的时候将冷静策略付诸实践！

回应式调节

幼儿完全依赖看护人来满足他们的每个需求，因此看护人的回应方式有助于幼儿在成长过程中发展情绪调节技能。回应式调节正是向幼儿表明，看护人会满足他们的需求，让他们感到平静和被关爱。

年龄范围：	1～2岁
技　　能：	情绪调节
所需材料：	视情况而定
参 与 人：	幼儿、看护人
地　　点：	室内或室外

⚑ 活动规则

★ 回应式调节有以下几类表现方式：

- 及时性：当宝宝心烦意乱或情绪失控时，您要及时做出回应，使他们平静下来。即使您不能马上到孩子身边，也要及时做出口头回应，比如说"嗨，宝宝。我在这里，我在听"。及时回应能够让孩子们意识到自己并不孤单，继而开始调节情绪。

- 需求：当您可以听懂宝宝的特定哭声或感知他们的需求时，就会更容易调节他们的情绪。例如，给饥饿的宝宝一条毯子，并不能带给他长时间的抚慰；给疲惫的宝宝一个有趣的新玩具，同样无法调节他的情绪。家长需要对宝宝的特定需求做出相应的回应，这样才能帮助他们更快地调节和减少不安的感觉。

- 声音：当宝宝感到不安时，家长要用平静、舒缓的方式回应。您可以用平静的声音向孩子表明，您就在这里，已经准备好满足他们的需求。平静的话语、安静的歌曲或者简单的嘘声都可以告诉您的孩子，一切都很好。

- 抚摸：温柔的身体接触能使宝宝平静和感到安心，比如轻拍背部、轻抚脸颊，或者脸颊轻触脸颊。

- 安全感：如果孩子有毛毯或毛绒玩具等能带来安全感的物品，您可以在回应式调节活动中使用该物品，比如用毯子轻抚孩子的脸颊，或者把毛绒玩具放在孩子身边。
- ★ 当您向孩子提供及时、冷静、令人安心的回应时，他们会把这些内化为安全的信号，并学会在未来使用其中的一些策略进行自我安慰和自我调节。有些宝宝在不开心的时候会抚摸自己的脸颊，或者去拿安全感物品，因为这些已经成为他们与心爱的看护人的日常调节行为。
- ★ 记住：所有的宝宝都是独一无二的。对一个孩子有效的方法未必对其他孩子有效。一些宝宝可能相比于同龄人是高需求宝宝，需要用更多的时间和回应来调节他们的情绪，这是正常的！

⚑ 反思与展望（写给看护人）

- ★ 我的孩子此刻需要什么？
- ★ 孩子对我的冷静策略做出了怎样的回应？
- ★ 孩子下次不开心的时候，我还可以做些什么？

冷静空间

我们都有需要休息的时候！您可以在家中设置一个特定的冷静空间。当孩子和家长需要休息放松和调节情绪时，可以去那里坐一坐。

年龄范围：	1岁以上
技　　能：	情绪调节
所需材料：	视情况而定，可能包括音响、降噪耳机、毛绒玩具、加厚毛毯、涂色书和材料、亮片枕头、日记本等。
参 与 人：	任意家庭成员
地　　点：	室内或室外

⚑ 活动之前

★ 您需要和家人说明，冷静空间并不是为打断或者惩罚强烈的情绪，而是为人们提供一个远离烦恼的机会，让人们休息一下，做一些舒缓情绪的事情，以便重归平静，重新去做要做的事情。

⚑ 活动规则

★ 选择在家中合适的区域，设置一个平静空间。您可以选择房间的一角、一把舒适的椅子，或是一个安静的角落。

★ 在这个空间里放上一个篮子，里面装一些让孩子和家人感到平静的物品（参见表格中的材料清单）。

★ 布置好之后，您需要和孩子一起在冷静空间里待一段时间，练习使用每件物品。您要和孩子谈一谈，他们什么时候会用到这些物品。例如，孩子在他的哥哥练习乐器时感到很难思考的时候，可能会用到降噪耳机。

★ 当孩子心烦意乱或情绪失控时，让他们在冷静空间待上一段时间。您可以在最初的几次和孩子一起去冷静空间，向他们建议使用某件物品或进行某种冷静活动，提供温和的指导。最终，孩子们将能够独立地使用冷静空间。

⚑ 反思与展望

★ 在你进入冷静空间之前，你感觉怎么样？
★ 你采取了什么活动或使用了哪件物品？你使用了之后有什么感觉？
★ 你现在感觉怎么样？

第九章 保持冷静！情绪调节技能 | 211

调节式常规行为

固定的调节行为是非常有用的工具,可以引导幼儿发展自我调节能力。可预测的常规行为催生安全感和舒适感,有助于您的孩子知道应该期待什么。

年龄范围:	1~3岁
技　能:	情绪调节
所需材料:	视情况而定
参与人:	幼儿、看护人
地　点:	室内

🚩 活动规则

★ 家长为蹒跚学步的孩子设立可预测和固定的常规行为。常规如同界限,可以帮助孩子们知道应该期待什么。常规行为的部分示例如下:
  - 在固定的时间起床
  - 固定的活动安排:吃饭、打扫、玩耍、休息
  - 固定的休息时间(在可预测的时间小睡)
  - 固定的睡前活动(洗澡、讲故事、唱歌、睡觉)

★ 请记住,家长可以根据孩子的需求、偏好和性情,设立由孩子驱动的常规行为。家长也可以根据工作或承诺计划,设立家长驱动式常规行为。

★ 注意哪种方法对您的孩子有效。如果您发现孩子在一天的特定时间内行为不规范或者感到不安,可以考虑调整常规,以满足孩子的需求。

★ 突发事件会打破常规,但这不是世界末日!可能的话,尽量回到常规中来。

🚩 反思与展望(写给看护人)

★ 在履行常规之前,您感觉怎么样?
★ 当履行常规的时候,您感觉怎么样?
★ 您最喜欢哪个常规行为?为什么?

表达情绪

孩子们学会调节自己的情绪之前,首先要学会识别、理解和标记自己的情绪。孩子们懂得自己是什么感受之后,才能选择适当的策略去处理情绪。

年龄范围:	2岁以上
技　　能:	情绪调节、沟通
所需材料:	无
参 与 人:	儿童、看护人
地　　点:	室内、室外或视频聊天

🚩 **活动之前**

★ 家长应该理解的是,孩子们需要掌握一组"情感词汇",就像他们掌握其他活动的词汇一样。带领孩子阅读关于情绪的书籍,讨论情绪,并将情绪表达融入日常对话。

🚩 **活动规则**

★ 您可以带领孩子在任何时间、任何地点练习识别情绪!您可以从低难度开始,例如当孩子没有心烦意乱或情绪失调的时候,或者当他们感到高兴、兴奋或自豪的时候,展开练习。

★ 让孩子描述他们身体的感受,询问孩子:"你现在注意到自己的身体有什么感受吗?"

★ 让孩子表达他们正在经历的感觉,询问孩子:"你现在有什么感觉?"

★ 当孩子进行一段时间的特定练习之后,在非练习的情况下询问他们的感受。

★ 当孩子感知自己的情绪时,家长要给予表扬并做出反馈。例如:"你意识到自己的脸很热、心跳加速,你感到生气了。谢谢你告诉我你的感受。"

⚑ 反思与展望

★ 你注意到过自己的身体有什么感觉吗?
★ 你感受到了哪种情绪?
★ 你以前什么时候有过这种情绪?
★ 怎么能让自己感觉好一些?

控制呼吸

控制呼吸是一项极佳的情绪调节技能，任何年龄的人在任何时间、任何地点都可以使用该技能。在本活动中，家长通过数数引导孩子的呼吸，这样他们就会把注意力放在家长的声音和自己的呼吸上。

年龄范围：	2岁以上
技　　能：	情绪调节、自我控制、积极倾听
所需材料：	无
参与人数：	1人以上
地　　点：	室内、室外或视频聊天

⚑ 活动之前

★ 您需要向孩子们解释，专注呼吸可以帮助我们处理一些强烈的情绪。并对他们说明，深长而缓慢的呼吸怎样为他们的大脑、肺和心脏提供足够的氧气，使这些器官能够正常工作。

⚑ 活动规则

★ 在孩子平静的时候，带他们练习控制呼吸。这样，当他们呼吸失调的时候，他们可以更自然地运用控制呼吸的方法。

★ 让您的孩子舒服地坐着，可以盘腿坐在地板上或椅子上。

★ 让孩子跟随您的口令，按照您的引导呼吸，示例如下：
  · 吸气，一、二、三、四、五。
  · 呼气，一、二、三、四、五。
  · 将这个呼吸模式重复10次。

★ 当您的孩子呼吸失调时，用同样的方法引导他们呼吸。

⚑ 反思与展望

★ 这样呼吸容易吗？
★ 像这样呼吸有什么困难之处？
★ 这样呼吸后，你感觉怎么样？
★ 你认为这项活动会在什么时候对你有所帮助？

气泡呼吸法

这项简单的练习可以帮助孩子们通过深长而缓慢的深呼吸调整自己的呼吸。这种方法可以减轻强烈情绪的效力，帮助孩子们调节情绪。拿起您的泡泡机，到户外来吧！

年龄范围：	2岁以上
技　　能：	情绪调节
所需材料：	泡泡机
参与人数：	1人以上
地　　点：	室外

🚩 **活动之前**

★ 向孩子们展示怎样充分地深吸一口气，让他们的肺和腹部完全充盈。再练习缓慢地呼气。

★ 提醒孩子们快速吐气无法使人平静，反而会吹破泡泡。

🚩 **活动规则**

★ 拿出泡泡机。

★ 让孩子们非常充分而缓慢地深吸一口气，尽量让肺和腹部充满空气。然后，让他们慢慢地把空气完全吹进泡泡机里，试着吹出一个又大又长的泡泡。

★ 如果您的孩子在吸气和呼气时需要引导，您可以使用控制呼吸的引导口令：

　· 吸气，一、二、三、四、五。

　· 呼气，一、二、三、四、五。

★ 然后，让孩子注视着泡泡飘走，目光不要离开泡泡，直到泡泡消失或破裂。

★ 重复这个模式几次：缓慢地深吸一口气，慢慢地吹泡泡，平静地看着泡泡飘走。

🚩 **反思与展望**

★ 缓慢地深吸一口气，然后充分地呼气是什么感觉？

★ 看着泡泡飘走的时候，你有什么感觉？

同伴呼吸法

呼吸使人平静，和同伴一起呼吸可以帮助孩子们共同调节情绪。本项练习将帮助孩子们在需要的时候调整自己和他人的感受，重归平静。

年龄范围：	2岁以上
技　　能：	情绪调节、合作、自我控制
所需材料：	无
参与人数：	2人以上（双数）
地　　点：	室内或室外

⚑ 活动之前

★ 提醒孩子们，与同伴一起呼吸时，需要关注自己的同伴，慢慢地做动作，让每个人都感到安全和平静。向孩子们演示怎样缓慢地吸气，让肺部和腹部充满空气，然后缓慢地呼气，将所有空气完全吐出。

⚑ 活动规则

★ 孩子们需要两两搭档完成这项活动。孩子也可以和家长结成搭档！
★ 搭档们面对面盘腿而坐。
★ 搭档们伸出双手，掌心相对。
★ 搭档们一边深入而缓慢地吸气，一边将双手一起慢慢地向上抬。
★ 搭档们一边充分而缓慢地呼气，一边将双手一起慢慢地放下来。
★ 在本活动中，您可以使用控制呼吸的引导口令：
　· 吸气，举起双手，一、二、三、四、五。
　· 呼气，放下双手，一、二、三、四、五。
★ 将这个模式重复10至15次。

⚑ 反思与展望

★ 同伴呼吸法的简单之处是什么？
★ 同伴呼吸法的难点是什么？
★ 进行同伴呼吸之后，你的身体有什么感觉？
★ 和搭档一起呼吸是什么感觉？

毛绒玩具呼吸法

本项呼吸练习帮助孩子们在呼吸时关注自己腹部的起伏。把您孩子最喜欢的毛绒玩具准备好,开始本项练习吧!

年龄范围:	2岁以上
技　　能:	情绪调节、自我控制
所需材料:	毛绒玩具
参与人数:	1人以上
地　　点:	室内

⚐ 活动之前

★ 向孩子们演示怎样缓慢地吸气,让肺部和腹部充满空气,然后缓慢地呼气,将所有空气完全吐出。

⚐ 活动规则

★ 让孩子仰卧,在他的腹部放一个毛绒玩具。

★ 孩子一边练习控制呼吸,一边注视着毛绒玩具伴随呼吸起落。提醒孩子们保持适当的速度,呼吸太快可能会让玩具掉下来!为了保证玩具不掉落,缓慢呼吸十分重要。

★ 在本活动中,您可以使用控制呼吸的引导口令:
 · 吸气,一、二、三、四、五。
 · 呼气,一、二、三、四、五。

★ 将该呼吸模式重复10至15次。

⚐ 反思与展望

★ 毛绒玩具呼吸法的简单之处是什么?

★ 毛绒玩具呼吸法的难点是什么?

★ 进行毛绒玩具呼吸之后,你的身体有什么感觉?

第九章 保持冷静！情绪调节技能 | **219**

喷火龙呼吸法

将内心的情感喷火龙释放出来吧！呼吸有助于使身体平静下来，释放紧张。

年龄范围：	2岁以上
技　　能：	情绪调节
所需材料：	无
参与人数：	1人以上
地　　点：	室内或室外

⚑ 活动之前

★ 向孩子们演示三次短促吸气，让肺部和腹部充满空气，然后缓慢地呼气，将所有空气完全吐出。

⚑ 活动规则

★ 让孩子们舒适地坐在地板或地面上进行这项活动。

★ 在这项呼吸练习中，孩子们需要先做三次短促的吸气，然后做一次深长的呼气，就像喷火龙一样发出一声"哈——！"。

★ 在本活动中，您可以使用控制呼吸的引导口令：
- 吸气，短，短，短。
- 呼气，哈——

★ 将这个呼吸模式重复10至15次。

⚑ 反思与展望

★ 喷火龙呼吸法的简单之处是什么？

★ 喷火龙呼吸法的难点是什么？

★ 进行喷火龙呼吸之后，你的身体感觉怎么样？

轻拍，轻拍，紧抱，放手

　　当强烈的情绪袭来时，稍微集中精力、重复动作和刺激感官可以帮助一些孩子感到更平静、更能自控。在本活动中，孩子们会练习一个简单的身体动作模式，这在情绪强烈的时候能派上用场。

年龄范围：	2岁以上
技　　能：	情绪调节
所需材料：	无
参与人数：	1人以上
地　　点：	室内或室外

⚑ 活动之前
★ 向孩子们说明，本活动可能与他们体验过的任何活动都不同。虽然有时会让人感到不适，但是您要鼓励孩子尝试这项与众不同的活动。
★ 提醒孩子们要缓慢地做动作。让孩子们知道，一边做动作一边大声说出来，有助于使他们平静下来。

⚑ 活动规则
★ 在孩子平静的时候进行这项练习。这样，他们情绪强烈时能更自然地付诸实践。
★ 引导孩子用左手轻拍右肩，用右手轻拍左肩，然后紧紧拥抱自己。放手。
★ 继续这一动作模式：轻拍，轻拍，紧抱，放手。将这个动作模式重复10至15次。

⚑ 反思与展望
★ 在活动过程中，你感觉怎么样？
★ 你的身体现在有什么感觉？
★ 你认为你将来什么时候会使用这个策略？

释放能量

强烈的情绪带来巨大的能量。本活动利用孩子们在任何地点都可以进行的简单运动,帮助孩子练习如何安全地释放能量。

年龄范围:	2岁以上
技　　能:	情绪调节、自我控制
所需材料:	无
参与人数:	1人以上
地　　点:	室内或室外

⚑ 活动之前

★ 向孩子们说明,有时候,当人们情绪强烈时,会感觉身体里充满了能量或紧张感。这些能量有时似乎要从身体里迸发出来!如果我们能使用缓慢、可控的方式释放一部分能量,我们就能保证自己和他人的安全。

★ 告诉孩子怎样安全地做每项体育运动。

⚑ 活动规则

★ 引导您的孩子进行以下体育运动,练习释放能量或紧张感。根据孩子的年龄和舒适度,每种动作重复10至20次不等。
  · 壁式俯卧撑
  · 抬小腿
  · 手掌按压
  · 下蹲
  · 原地跳或开合跳

⚑ 反思与展望

★ 你最喜欢哪项运动?
★ 在活动过程中,你的身体感觉怎么样?
★ 你的身体现在有什么感觉?
★ 你认为什么时候可以使用释放能量的活动,以安全的方式管理自己的情绪?

休息站

对一些孩子来说，让自己的身体停下来、平静下来，并非易事。本活动将帮助这些孩子练习调节自己的情绪。活动中，他们首先需要提高心率，然后学习怎样减缓他们的心率，让身体和心灵平静下来。

年龄范围：	2岁以上
技　　能：	情绪调节、自我控制
所需材料：	无
参与人数：	1人以上
地　　点：	室外

▶ 活动之前
★ 向孩子们说明，有时，当人们情绪强烈，例如恐惧、愤怒或担心时，心脏可能会剧烈地跳动，就像在进行体育锻炼的时候一样。所以，当我们情绪强烈时，能够平复心跳将帮助我们更清楚地思考并做出适当的选择。

▶ 活动规则
★ 玩家在自己的专属空间内展开练习。
★ 家长大声喊："快上高速公路！"玩家随即在专属空间里自由奔跑。让玩家奔跑30秒或更长时间，提高他们的心率。
★ 家长喊："进休息站！"玩家随即停止奔跑，原地坐下，练习60秒的控制呼吸。此时，您可以使用控制呼吸的引导口令：
　· 吸气，一、二、三、四、五。
　· 呼气，一、二、三、四、五。
★ 随后，家长再次大喊"快上高速公路！"来重复这项练习。

▶ 反思与展望
★ 在高速公路上时，你的身体感觉怎么样？
★ 在休息站时，你的身体感觉怎么样？

身体扫描

情绪调节需要孩子们能够调整自己的身体，感知身体内部的变化。当他们在体验某种情绪，能注意到身体内部发生了什么变化的时候，就会尝试选择适当的平静策略。在本活动中，孩子们将练习关注身体内部的变化，每次关注一个身体部位。

年龄范围：	4岁以上
技　　能：	情绪调节、自我控制
所需材料：	无
参与人数：	1人以上
地　　点：	室内或室外

⚑ 活动之前

★ 向孩子们说明，本活动可能与他们体验过的任何活动都有所不同。虽然有时会让人感到不适，但是您要鼓励孩子尝试这项与众不同的活动。并告诉他们，如果感到不适，可以随时告诉您。

⚑ 活动规则

★ 让孩子们舒服地坐下。
★ 在本活动中，如果孩子们觉得舒服，可以闭上眼睛。如果他们想睁开眼睛，也可以。
★ 使用以下提示语，引导孩子进行身体扫描：
  · 我们来一起练习关注身体内部的感受。我们每次只关注一个身体部位，只关注这个部位发生了什么。你需要注意这个部位是否紧张、紧绷、温暖或者刺痛。
  · 从你的脚趾开始。把注意力集中在脚趾上。你注意到了什么？
  （停顿20～30秒，让孩子有充足的关注时间。他们可以保持安静，也可以大声说出自己的感受。）
  · 现在移动到你的双腿。把注意力集中在腿上。你注意到了什么？

（停顿20~30秒，让孩子有充足的关注时间。）
- 现在移动到你的腹部。把注意力集中在腹部。你注意到了什么？
（停顿20~30秒，让孩子有充足的关注时间。）
- 现在移动到你的背部。把注意力集中在背部。你注意到了什么？
（停顿20~30秒，让孩子有充足的关注时间。）
- 现在移动到你的胸部。把注意力集中在胸部。你注意到了什么？
（停顿20~30秒，让孩子有充足的关注时间。）
- 现在移动到你的手指。把注意力集中在手指上。你注意到了什么？
（停顿20~30秒，让孩子有充足的关注时间。）
- 现在移动到你的手臂。把注意力集中在手臂上。你注意到了什么？
（停顿20~30秒，让孩子有充足的关注时间。）
- 现在移动到你的肩膀。把注意力集中在肩膀上。你注意到了什么？
（停顿20~30秒，让孩子有充足的关注时间。）
- 现在移动到你的脖子。把注意力集中在脖子上。你注意到了什么？
（停顿20~30秒，让孩子有充足的关注时间。）
- 最后，移动到你的头部。把注意力集中在头部。你注意到了什么？
（停顿20~30秒，让孩子有充足的关注时间。）

⚑ 反思与展望

★ 在活动过程中，你感觉怎么样？
★ 你注意到自己的脚趾、双腿、腹部、后背、胸部、手指、手臂、肩膀、脖子、头部发生了什么？
★ 你身体的哪个部位感到紧张或紧绷？
★ 你身体的哪个部位感到刺痛？
★ 你身体的哪个部位感到平静？

渐进性肌肉放松

释放身体的紧张感是一种很好的情绪调节策略。我们不需要任何工具就可以随时随地进行练习。当孩子们情绪强烈，比如愤怒或沮丧时，他们可能会注意到身体处于紧张状态。本练习将帮助他们以安全的方式释放紧张，使他们感到更加平静和自控。

年龄范围：	4岁以上
技　　能：	情绪调节、自我控制
所需材料：	无
参与人数：	1人以上
地　　点：	室内或室外

⚑ 活动之前

★ 向孩子们说明，本活动可能与他们体验过的任何活动都不同。虽然有时会让人感到不适，但是您要鼓励孩子尝试这项与众不同的活动。如果他们感到不适，可以随时告诉您。

★ 提醒孩子们，他们需要做出绷紧的动作，但不要做到让自己受伤的程度。

⚑ 活动规则

★ 让孩子们舒服地坐着。如果孩子们觉得舒服，可以闭上眼睛。如果他们想睁开眼睛，也可以。

★ 使用以下提示语，引导孩子进行渐进式肌肉放松：
- 我们来一起练习释放身体的紧张感。我们每次只关注一个身体部位，绷紧这个身体部位，然后放松。
- 让我们从脸部开始。尽量收紧脸部，保持5秒钟（大一点儿的孩子可以这样做10秒钟）。放松。轻轻地摇晃头部。
- 现在到你的肩膀。肩膀向耳朵的方向耸起，轻轻绷紧，保持5秒钟。放松。轻轻活动肩膀。
- 现在到你的手臂（二头肌）。尽量绷紧你的手臂，保持5秒钟。放松。轻轻晃动手臂。
- 现在到你的双手。尽量握紧拳头，保持5秒钟。放松。轻轻甩甩手。
- 现在到你的腹部。尽量收紧你的腹部肌肉，保持5秒钟。放松。轻轻揉一揉腹部。
- 现在到你的臀部。尽量收紧臀部肌肉，保持5秒钟。放松。轻轻揉一揉。
- 现在到你的大腿（股四头肌）。尽量收紧大腿，保持5秒钟。放松。轻轻晃动大腿。
- 最后，到你的脚趾。尽量收紧脚趾，保持5秒钟。放松。轻轻晃动脚趾。
- 轻轻地甩动全身。

⚑ 反思与展望

★ 在活动过程中，你注意到了什么？
★ 进行完活动之后，你感觉怎么样？
★ 你的身体现在感到紧张和紧绷，还是放松和自在？
★ 你认为什么时候开展本项练习会对你有所帮助？

　　渐进式肌肉放松是一种循证策略，用于在情绪失调时安抚身体。当您和孩子进行本活动时，您需要提醒他们，收紧肌肉的时候，应该感到紧绷而不是疼痛。如果他们感到疼痛，就应该放松下来。在这项活动中，孩子还需要关注腿部肌肉，注意不要造成小腿肌肉痉挛。（抽筋真的好痛哦！）

风筝，树，青蛙

对年幼的孩子来说，控制身体是情绪调节的重头戏。鉴于情绪可以外化为行为，学习控制自己的身体有助于孩子们处理自己的强烈情绪。在本活动中，孩子们将练习把剧烈的动作转变为三个可控的瑜伽姿势，模拟从强烈情绪中平静下来的过程。

年龄范围：	4岁以上
技　　能：	情绪调节、自我控制、积极倾听
所需材料：	无
参与人数：	1人以上
地　　点：	室内或室外

⚑ 活动之前

★ 向孩子们展示怎样安全地做每个瑜伽姿势。提醒孩子们做姿势时控制好自己的身体是很重要的，这样他们就不会受伤。

★ 风筝式：双脚稳稳地踩在地面上，双手合十放在头顶，身体轻轻地向一边倾斜，像在风中飘浮的风筝一样。

★ 初学者树式：双脚稳稳地踩在地面上，抬起一只脚，踩在另一只脚的脚踝内侧。手掌合十放在胸前或头顶。

★ 蛙式：双脚稳稳地踩在地面上。两脚分开，宽于臀部。双手合十放在胸前。轻轻蹲下。膝盖不要超过脚趾，以确保安全。

⚑ 活动规则

★ 玩家站在自己的专属空间里，以确保不会触碰到其他人。

★ 玩家原地跳跃，直到家长大声说出瑜伽姿势为止。瑜伽姿势包括风筝式、初学者树式、蛙式（上文已说明这三种瑜伽姿势）。

★ 当家长说出一个姿势的时候，孩子们要摆出并保持这个姿势，直到家长命令他们再次开始跳跃为止。在保持瑜伽姿势时，孩子们可以慢慢地深呼吸，等待下一个指令。家长也可以要求孩子们从一个瑜伽姿势直接变换到另一个瑜伽姿势，不用变回跳跃姿势。
- ★ 根据孩子的年龄和参与度，游戏持续5~10分钟不等。

🚩 反思与展望
- ★ 当你在跳跃时，你的身体有什么感觉？
- ★ 当你保持瑜伽姿势时，你的身体有什么感觉？
- ★ 哪个姿势对你来说最容易？
- ★ 哪个姿势对你来说最难？
- ★ 你认为将来什么时候可以用这些姿势帮助自己平静下来？

正念冥想

正念，或将注意力和意识集中于当下，是情绪调节的有力工具。练习正念可以帮助孩子们中断对过去或未来的思考，关注他们当下的身体感受和经历。在本活动中，您将和孩子一起使用给定的脚本或您最喜欢的正念应用程序进行正念冥想。

年龄范围：	4岁以上
技　　能：	情绪调节
所需材料：	音响（可选）
参与人数：	1人以上
地　　点：	室内或室外

⚑ 活动之前

★ 向孩子们解释正念的概念，以及正念怎样帮助他们控制情绪。

⚑ 活动规则

★ 在一个安静的地方舒服地坐下来，尽可能减少干扰。
★ 阅读下面的正念脚本，或者从您最喜欢的正念应用程序或在线资源中选择一种冥想练习。针对年龄较小的4～6岁的孩子，可以选择两分钟以下的冥想练习，示例如下。年龄大一点儿的孩子可以练习到5分钟。

4～6岁儿童的正念脚本：

今天，我们要做一项正念练习，这需要我们集中注意力，关注当下的感受。你只能够听我说话，我会告诉你要想什么。

乌龟喜欢去一个安全的地方，让它的身心平静下来。我们现在要想象我们自己的安全地带。准备好了吗？让我们开始控制呼吸。吸气……呼气。吸气……呼气。再深吸一口气，然后慢慢呼出。

现在，让我们闭上眼睛，推开自己的思绪。让思绪像树叶一样随风飘散，看着它从你的脑海中飘走。

乌龟进入壳内休息。龟壳给予它保护，使它免受外界的伤害。当你闭着眼睛坐着的时候，想象自己也在一个壳里。想象你的壳包裹着你。注意一下你的壳是什么样的。想象一下，如果你伸手触摸它会是什么感觉。

当你在自己的壳里时，你要抛开所有的杂念，只是想象你在壳里有多么安全。让你的烦恼一次一个地从你的背上落下，让满世界的压力从你的背上滑落。你在自己的冷静空间里，享受片刻的宁静。

用鼻子深吸一口气，然后慢慢从嘴里呼出来。用鼻子吸气，然后用嘴慢慢呼气。当你从安全壳里出来的时候，睁开你的眼睛。

⚑ 反思与展望

★ 你在自己的壳里时，感觉怎么样？
★ 你的壳是什么样的？
★ 现在你离开了自己的壳，感觉怎么样？
★ 什么时候想象自己在冷静、安全的壳里会对你有所帮助？

7岁以上儿童的正念脚本：

今天，我们将尝试一项正念活动。我们会专注于那些带给自己快乐的事情，并关注它们怎样影响我们的身体和思想。准备好了吗？让我们舒服地坐下，闭上眼睛，吸气……呼气。吸气……呼气。再深吸一口气，然后慢慢呼出。

当你舒服地坐在自己的空间里时，闭上你的眼睛，抛开其他所有的想法。让思绪飘走，在脑海中为我们今天的活动留出空间。

现在，当你闭着眼睛坐下的时候，想一想快乐对你意味着什么。在你的脑海中，创造让你感到快乐的画面。快乐是什么样的？快乐是什么感觉？你怎么知道自己什么时候感到快乐？

当你专注于这些问题时，哪些事情或人会进入你的脑海？生活中哪些事或哪些人给你带来快乐？哪些经历让你感到快乐流经了你的身体和心灵？

当你思考这些人、事情或经历时，关注身体的感觉。你身体的哪个部位感到快乐？你有什么感觉？让自己沉浸在这种快乐中，让快乐温暖你的身体。

现在，在你的脑海中，将下面的话补充完整："我说出并拥抱_____带给我的快乐。"关注你的身体怎么样表达你的快乐。

⚑ 反思与展望

★ 快乐对你来说意味着什么？
★ 快乐在你体内时你是什么感觉？
★ 当你关注快乐时，你想到了什么人、什么事或什么经历？
★ 你多久表达一次快乐？今天这样做感觉如何？
★ 你认为努力表达快乐会对你的生活和社区产生怎样积极的影响？

如果您想寻找一些适合孩子的正念冥想应用程序和资源，可以看看以下这些很棒的资源：顶空（Headspace）应用程序（儿童冥想功能），停下、呼吸与思考（Stop, Breathe & Think）应用程序，微笑思维（Smiling Mind）应用程序，儿童睡眠冥想（Sleep Meditations for Kids）应用程序，以及YouTube视频网站上的宇宙儿童瑜伽频道（Cosmic Kids Yoga）。

创造自己的咒语

咒语是帮助我们感到平静、强大，控制身体与思想的一些词语或短语。在本活动中，孩子们可以创造自己的正念咒语或平复用语。当他们情绪强烈或需要时间调节情绪时，他们可以反复对自己重复这些咒语。

年龄范围：	4岁以上
技　　能：	情绪调节
所需材料：	纸张及涂色用品（可选）
参与人数：	1人以上
地　　点：	室内或室外

⚑ 活动之前

★ 向孩子们说明，有时，当我们情绪强烈时，对自己重复一个词语或短语可以帮助我们恢复平静。向孩子们示范如何使用咒语，比如当感到不安或担心的时候，可以反复对自己说："深呼吸。深呼吸。深呼吸。"

⚑ 活动规则

★ 和孩子一起列出一些令人感到平静的词语或短语。
★ 让孩子选择他们最喜欢的有助于恢复平静的词语或短语。
★ 练习平静地重复咒语。
★ 孩子重复咒语时，可以想象一个画面来强化效果。例如，如果他们的咒语是"我可以呼吸"，他们可以在脑海中想象一只正在膨胀的气球。
★ 如果有需要，可以让孩子将咒语写在纸上，并画一幅画用来在他们需要使用咒语时提醒他们使用。
★ 让孩子练习一边平静地重复咒语，一边想象画面。
★ 当您的孩子有强烈的情绪时，提醒他们使用咒语。

⚑ 反思与展望

★ 为什么你选择这个短语/词语作为你的咒语？
★ 当你对自己重复咒语时，你感觉怎么样？
★ 你认为自己什么时候会使用这个咒语？

感官定位

当孩子们情绪激动时,他们的思想有时会集中在过去或未来可能发生的事情上,或者他们可能根本无法集中注意力。感官定位技巧能够帮助孩子重新感知当下正在发生的事情。

年龄范围:	4岁以上
技　　能:	情绪调节
所需材料:	无
参与人数:	1人以上
地　　点:	室内或室外

⚑ 活动之前

★ 向孩子们说明,本活动可能与他们体验过的任何活动都不同。虽然有时会让人感到不适,但是您要鼓励孩子尝试这项与众不同的活动。

⚑ 活动规则

★ 在孩子平静的时候练习感官定位。这样当他们情绪强烈的时候,可以更自然地运用感官定位的方法。

★ 引导孩子采用以下方式使用他们的感官定位:
  - 留意并说出你现在看到的五样东西。
  - 留意并说出你现在听到的四样东西。
  - 留意并说出你现在可以触摸到的三样东西。
  - 留意并说出你现在能闻到的两样东西。
  - 留意并说出你现在就能尝到的一样东西。

★ 如果您的孩子快速说出"我不知道"或"我什么都没闻到",那么您要抑制自己的冲动,不要盲目换到下一个感官。您需要给孩子一些时间,鼓励他们花一些时间去留意。

★ 当您的孩子情绪强烈,但不能说话,不能处理事件或情绪时,引导他们通过感官定位技能,重新感知当下,让身体和心灵平静下来。

🚩 反思与展望

★ 在活动过程中，你感觉怎么样？
★ 你平常是否也会注意到今天用感官定位关注到的事物？
★ 你认为本活动将来什么时候会对你有所帮助？

如果您的孩子在感官识物方面存在困难，可以尝试进行下面这一更加具体的练习：

- 说出你看到的身边的五种颜色。
- 说出你看到的四种形状。
- 说出你看到的三样柔软的东西。
- 说出你看到的两个人。
- 说出你看到的一本书。

您可以把以上任一事物换成你的生活环境中的其他具体事物。感官定位的目的是让孩子们重新感知他们生活环境中的真实事物，不要纠结于过去或担忧未来！

随它去吧

困难时有发生，接受它并继续前行是一个艰难的过程。在本活动中，孩子们要练习让那些触发他们强烈情绪的事件或经历随风而去，继续自己的生活。

年龄范围：	4岁以上
技　　能：	情绪调节
所需材料：	纸张、铅笔或记号笔
参与人数：	1人以上
地　　点：	室内

🚩 **活动之前**

★ 提醒孩子们，我们有时会经历艰难或令人沮丧的事情，这些事会让我们感到愤怒、悲伤或担心。拥有这些情绪十分正常！如果我们很难从过去走出来，我们可以尝试一些方法帮助自己释怀。

🚩 **活动规则**

★ 在孩子平静的时候开展本活动。这样当他们情绪强烈的时候，他们可以更自然地运用该方法。

★ 让您的孩子写一段话或画一幅画，描述他们最近经历过的令人难以释怀的艰难经历。与孩子们谈一谈这件事，聊一聊他们那时的感受和现在的感受。

★ 孩子们写完或画完之后，他们可以选择下面的一种方式来"正式"放手：

- 把上述写字或画画的纸折成纸飞机。把纸飞机投进回收箱，然后说："我要把它扔了，这样我就可以继续过我的生活了！"
- 站在回收箱旁边，把纸撕成小碎片，扔进去。孩子可以这么说："我要丢掉所有的纸屑，这样我才能继续前行！"
- 将一个碗装满水。把纸放在水里，看着文字或颜色慢慢消失。孩子可以这样说："我在让这件事慢慢过去，这样我就可以继续自己的生活了！"

🚩 **反思与展望**

★ 写出或者画出自己的经历是什么感觉?
★ 当你将纸以某种方式处理掉时,你感觉怎么样?
★ 你现在感觉怎么样?

第十章

认真思考！解决问题技能

什么是解决问题？

解决问题是一种用于处理富有挑战性的新任务或克服陌生障碍的技能，具体包括创造性思维、尝试新策略、从错误中学习和承担风险。

解决问题看起来和听起来是什么样的？

解决问题技能具有多种多样的表现形式，包括：
- ★ 尝试新事物
- ★ 缩小思考的范围
- ★ 利用错误激发新的想法
- ★ 放弃失败的初次试水
- ★ 提出问题
- ★ 表达挫折感

用儿童理解的语言解释解决问题的含义

您可以这样向孩子解释解决问题的含义：

我们每天都面临着从未遇到过的任务或挑战。当我们尝试新事物时，可能会觉得很难，或者不知道怎么做。没关系，这正是我们学习新事物的方式！我们可以尝试许多方法来解决问题，例如从错误中学习、以新的方式看待问题、倾听他人的想法、提出问题，等等。

解决问题技能为什么重要？

当孩子们面临新的任务、挑战和经历时，他们便拥有了解决问题的机会。对于既是学习者又是独立个体的孩子，尝试新事物和解决新问题是成长的必经之路。

伴随着解决问题而来的还有容忍挫折这一重要技能。当孩子们在进行新任务和挑战中犯错、遭遇失败时，他们会体会到挫折的滋味。孩子若能够处理挫折，破除挫折的限制，把它转化为激励，就能不断走向成功，成为坚持不懈、灵活的思考者。

儿童使用解决问题技能的时机和地点

孩子们首先会在课堂上、公园操场上和家中遇到解决问题的机会，未来在工作场所中也会使用解决问题技能。在课堂上，孩子们学习新的知识，处理新的任务，并且需要用新的方式综合所学知识，这就需要用到解决问题的技能。在公园操场上，孩子们一定会发现，自己需要和同龄人一起解决问题，以一种"人人参与"或者"人人开心"的方式玩耍。

为了学会解决问题，孩子们需要经历大量失败和犯错。当他们努力走出失败的泥潭时，他们开始学着尝试新方法，学着灵活一点儿，学着分析，学着坚持，学着做决定。

本章预览

在本章中，您会看到一系列帮助孩子发展解决问题技能的活动。您将带着孩子发起STEM挑战，开展培养灵活思维的游戏，尝试一些锻炼设计、改进和分析思维的活动。在活动过程中，您需要密切关注孩子的沮丧程度，当孩子们想要放弃时，鼓励他们使用深呼吸等冷静策略。您可以向孩子们示范解决问题的方法，让他们谈论一下，为了实现目标，应当怎样改变策略或尝试新方法。

消失的物品

滴答，滴答！拿出一个闹钟和一条毯子，和您的宝宝一起练习解决问题吧！您需要把毯子盖在闹钟上，让宝宝听到钟表滴答作响，鼓励他们把毯子掀开找到闹钟，锻炼他们解决问题的技能。对于年龄大一点儿的宝宝，您可以准备三个杯子，把小物品藏到一个杯子下面，鼓励宝宝使用解决问题技能找到它。

年龄范围：	1～2岁
技　　能：	解决问题
所需材料：	滴答作响的闹钟或计时器、毯子；对于年龄大一点儿的宝宝，准备一个小玩具（没有窒息危险）、3个杯子
参 与 人：	幼儿、看护人
地　　点：	室内

⚑ 怎样与年幼的宝宝玩耍

★ 把闹钟给宝宝看一看。
★ 用几分钟的时间，和宝宝一起模仿闹钟的滴答声。
★ 如果闹钟是塑料的，您可以让宝宝触摸、拿住闹钟。
★ 然后，给闹钟盖上毯子，询问宝宝："闹钟去哪儿了？滴答响的闹钟在哪里？"
★ 让宝宝寻找闹钟，把毯子掀开。

⚑ 怎样与年龄大一些的宝宝玩耍

★ 给宝宝看一个没有窒息危险的小玩具。您要和宝宝讲一讲这个玩具是什么，描述一番，让宝宝触摸或拿住它。
★ 在宝宝面前摆好三个杯子。把小玩具藏在其中一个杯子下面。
★ 让宝宝找出杯子下面的物品。

⚑ 反思与展望

★ 庆祝宝宝的成功！您可以说："恭喜你找到了滴答响的闹钟！"
★ 重复该活动，把盖住的闹钟放得远一些，鼓励宝宝爬过去。
★ 如果您在做杯子游戏，把小玩具藏在另一个杯子下面，重复该游戏。

按一按

那个按钮有什么用？！给宝宝一个有按钮或者拉杆的玩具。当宝宝按下按钮或者拉动拉杆时，便会打开玩具上的某物或者弹出某物。让孩子探索这些按钮，培养早期解决问题的思维。

年龄范围：	1～2岁
技　　能：	解决问题
所需材料：	设置了按钮或拉杆的玩具
参 与 人：	幼儿、看护人
地　　点：	室内

⚑ 活动规则

★ 给孩子一个玩具，让他们去探索。观察孩子们怎样看着玩具，并伸手按下按钮。

★ 如果您的孩子在几分钟之内只是看着玩具，没有按下任何按钮，您可以按下按钮，向他们展示按钮的效果，并庆祝所发生的一切。您可以说："我们把门打开了！"或者"我们把鸟放出来了！"

★ 然后，把玩具还给孩子，鼓励孩子按玩具上的其他按钮，看看会发生什么。如果他们成功了，向他们表示祝贺。

⚑ 反思与展望（写给看护人）

★ 回想一下，您的宝宝是否很容易或很难启动某些类型的按钮？

★ 回想一下，您的宝宝最喜欢哪个按钮？

岩浆遍地

别把脚踩在地板上，因为遍地都是岩浆！在本项解决问题的活动中，孩子们要铺设一条横穿房间的安全道路，使他们在不接触地面的情况下穿越房间。在铺设道路的过程中，孩子们需要使用合作技能。如果孩子们的脚碰到了岩浆，就需要重新规划和铺设道路。

年龄范围：	3岁以上
技　　能：	解决问题、合作
所需材料：	家居用品，例如枕头、凳子、洗衣篮等。
参与人数：	2人以上
地　　点：	室内

⚑ 活动之前

★ 向孩子们讲解游戏规则，讨论怎样安全地使用家居用品。
★ 给玩家一些时间，让他们规划道路的路径。

⚑ 活动规则

★ 在本游戏中，玩家的脚不能碰到地面。玩家将家长提供的家居物品铺成路，从房间的一头铺到另一头。
★ 当玩家铺完道路之后，让他们尝试走一走！
★ 如果某一玩家的脚碰到地面，就需要重新开始。
★ 如果玩家在多次尝试后仍然无法通过，给他们一些时间来修改设计方案。
★ 当玩家成功之后，您可以移除道路上的1～2件家居用品，让孩子们重新设计道路。

⚑ 反思与展望

★ 当你的脚碰到岩浆，只好重新开始时，你是什么感觉？
★ 你们是怎样一起规划道路的？
★ 下次你会有什么不同的做法？

第十章 认真思考！解决问题技能 | 243

友好的堡垒

对所有年龄的孩子来说，搭建堡垒是一项永不过时的活动。在本活动中，您需要拿出一些家居用品或户外用品，供孩子们搭建一座堡垒，鼓励他们自主解决问题，尝试新策略，确保堡垒能够屹立不倒。

年龄范围：	3岁以上
技　　能：	解决问题
所需材料：	家居用品，例如放在室内堡垒的椅子和床单，或用于室外堡垒的防撞条、防水布和草坪椅；计时器（可选）
参与人数：	1人以上
地　　点：	室内或室外

⚑ 活动之前
★ 让玩家分享有关如何搭建堡垒的想法。

⚑ 活动规则
★ 向玩家发起挑战，让他们只用家长提供的物品搭建一座堡垒。
★ 堡垒要足够大，让所有玩家都能进去。
★ 您可以选择设定计时器来增加游戏的难度。

⚑ 反思与展望
★ 本活动的难点是什么？
★ 本活动的乐趣是什么？
★ 你的堡垒是不是有地方倒塌了或不如预期？你是怎么处理的？
★ 如果再建一座堡垒，你会有什么不同的做法？

创造自己的游戏

游戏开始！从家里拿出一些物品，让孩子们挑战自主创造游戏。他们需要制定游戏规则、计分系统，以及所有与游戏相关的东西。他们需要运用灵活的思维，赋予物品新的用途；他们还要使用解决问题技能来设计游戏。本活动也是一个培养优良体育精神的好机会！

年龄范围：	4岁以上
技　　能：	解决问题、灵活思考、优良的体育精神
所需材料：	网球、飞盘、沙桶、锥形筒，或者其他物品；纸和铅笔（可选）
参与人数：	2人以上
地　　点：	室内或室外

▶ 活动之前

★ 制定安全使用物品的基本规则（例如禁止在室内扔球！）。

★ 谈一谈优良体育精神的含义。体育的宗旨是为了快乐而运动，而不只是为了胜利而运动。优良的体育精神可以鼓舞每个人，而不只是给某一方的个体或者球队带来快乐。输掉比赛时，具备体育精神的人会祝贺胜利者。如果赢了，就稍微庆祝一下，但不要庆祝得太过火，也不要伤害别人的感情。无论谁赢谁输，拥有体育精神的人都会说："做得好！"

▶ 活动规则

★ 在本活动中，玩家将使用家长提供的材料，创造自己的游戏。您可以设置一条规则，比如必须使用所有的材料，或者玩家可以选择家长提供的2～3件物品。

★ 在本活动中，孩子们可能需要额外的支持和指导。您可以向他们提出下列问题：
  · 游戏怎么开始？
  · 谁先来？

- 怎么得分？
- 你可以做什么？
- 你不能做什么？
- 你要用这件物品做什么？
- 你怎么知道你的轮次结束了？
- 游戏什么时候结束？
- 怎么知道谁赢了？

★ 玩家可以将规则写在纸上或大声分享。
★ 玩家设计完游戏之后，一起玩游戏！

⚑ 反思与展望

★ 你的游戏是否基于之前玩过的另一个游戏？
★ 你是否在开始玩游戏时意识到，你忘记在游戏中加入某一条规则？
★ 谁在游戏中体现出优良的体育精神？
★ 他们怎样表现出了体育精神？
★ 下次你会有什么不同的做法吗？

发明大会

拿出家中的一些手工艺材料或不需要的物品，让孩子们制作一个他们认为别人会喜欢玩的新玩具。孩子们需要运用灵活的思维和创造力，赋予手工艺材料和家居用品新的用途！

年龄范围：	4岁以上
技　　能：	解决问题、灵活思考
所需材料：	可用于制作手工艺品的纸吸管、纱线、胶带、雪糕棒、空纸巾卷、回形针、便签条、胶水或其他杂物；纸张和铅笔（可选）
参与人数：	1人以上
地　　点：	室内或室外

⚑ 活动之前

★ 给孩子们一些时间进行头脑风暴！
★ 您可能需要在这个过程中提供指导支持，例如：
  · 你想要什么样的从未见过的玩具？一个太空玩具、一辆车，还是一个厨房玩具？
  · 你认为自己可以使用哪些材料？
  · 你在设计中怎样使用这种材料？

⚑ 活动规则

★ 给孩子一些上面列出的物品或您自己的家庭用品、手工艺用品。
★ 如果有多个孩子一起做这个活动，他们可以沟通和合作，也可以独立活动。
★ 本活动的目的是让孩子们使用既有的物品，制作一个他们认为其他孩子会喜欢玩的新玩具。您可以鼓励孩子在开始制作之前先在纸上画一个设计稿。
★ 年幼的孩子在使用胶水时，可能需要支持或帮助，但是您要让孩子发挥主导作用。
★ 制作完成之后，给孩子一些时间，让他们解释新玩具是什么，以及怎样玩这个玩具！

★ 孩子们可以交换玩具，玩一玩彼此设计的玩具。

⚑ 反思与展望

★ 你在制作过程中遇到过什么困难？你是怎样克服这些困难的？
★ 你的设计和最初的设想有什么不同？
★ 你做出了哪些改变？

平衡游戏

让孩子们把玩具放在自制的跷跷板上保持平衡。本活动鼓励他们使用解决问题的技能建立平衡，并不断使用新的方法重新获得平衡！

年龄范围：	4岁以上
技　　能：	解决问题
所需材料：	用于制作一个小型桌面跷跷板的材料（例如一块三角积木和一块小木板或尺子），以及8~10个不同大小和重量的玩具
参与人数：	1人以上
地　　点：	室内或室外

⚑ 活动之前
★ 让玩家分享有关如何完成任务的想法。

⚑ 活动规则
★ 使用一块三角积木、一块木板或手头上的其他物品制作一个小跷跷板，可以放在桌面或地面上。本活动的目的是让孩子们保持玩具在跷跷板上的平衡。
★ 让孩子们把玩具放在跷跷板上，自行矫正不平衡。
★ 孩子们使玩具平衡后，您可以选择添加玩具或者移除一个玩具，增加游戏的挑战性。

⚑ 反思与展望
★ 你在保持跷跷板平衡的过程中，遇到了什么困难？你是怎样克服这些困难的？
★ 你如何知道应该在跷跷板的每一侧放哪些玩具？
★ 你是否找出一些方法，使你能够只做小小的改动，就使跷跷板达到平衡？

纸飞机

这项简单的活动能充分锻炼解决问题的能力！让孩子们制作纸飞机，并设定纸飞机的目标飞行距离。孩子们必须测试他们的设计，然后修改设计，并从始至终运用解决问题的技能，从失败的尝试中汲取经验教训。培养孩子坚定的决心和韧性，将会给孩子们生活的各个方面带来助益。

年龄范围：	4岁以上
技　　能：	解决问题
所需材料：	纸张
参与人数：	1人以上
地　　点：	室内或室外

活动之前
★ 在网上查看一些纸飞机的设计。

活动规则
★ 玩家在活动中制作纸飞机。
★ 设定纸飞机的起点和终点，活动目标是让纸飞机从起点飞到终点。
★ 给玩家一些时间设计纸飞机。
★ 当玩家准备好之后，他们就可以站在起点投掷纸飞机。您可以让每名玩家尝试1~3次。
★ 给玩家一些时间修改他们的设计，或制作新的纸飞机并再次尝试！

反思与展望
★ 如果你的纸飞机没能飞到终点线，你是什么感觉？
★ 你使用了什么策略来确保你的纸飞机达到最佳状态？
★ 下次你会有什么不同的做法？

第十章 认真思考！解决问题技能 | 251

意大利面摩天大楼

这项 STEM 挑战给了孩子们一个锻炼机会，让他们一边用未烹制的意大利面建造高楼，一边锻炼设计、改进设计、灵活思考和解决问题的技能。

年龄范围：	4 岁以上
技　　能：	解决问题、灵活思考
所需材料：	未烹制的意大利面、油画胶带
参与人数：	1 人以上
地　　点：	室内或室外

▶ 活动之前

★ 让玩家分享有关如何完成任务的想法。

★ 谈一谈玩家在活动中感到沮丧时可以做些比如深呼吸、互相鼓励或尝试新方法这样的事来缓解情绪。

▶ 活动规则

★ 玩家将用未烹制的意大利面和 1 英尺长的油画胶带建造一座摩天大楼。

★ 向玩家提供所需材料。如果一名以上的玩家参与，他们可以合作完成任务。

★ 为了增加游戏的难度，您可以选择设定摩天大楼的目标高度（比如 2 英尺、3 英尺或更高！），或者同时设时间限制。

▶ 反思与展望

★ 如果你的意大利面断了，你有什么感觉？

★ 如果你的摩天大楼倒塌了，你有什么感觉？

★ 你是怎样处理挫败感的？

★ 你尝试过哪些没有奏效的策略？

★ 你尝试过哪些有效的策略？当你的策略奏效时，你有什么感觉？

★ 下次你会有什么不同的做法？

灵活作画

在本活动中,孩子们开始作画,然后把画传给下一个孩子继续作画。孩子们需要本着团队合作的态度,进行灵活思考!

年龄范围:	4岁以上
技　　能:	解决问题、灵活思考、合作
所需材料:	纸张、蜡笔、计时器
参与人数:	2人以上
地　　点:	室内或室外

▶ 活动之前

★ 谈一谈灵活变通的含义。在孩子们画画过程中,其他人会在画作中添加内容,使得最终的作品可能与最初的设想不完全一致。这没关系!最后每个人都会得到一幅特别的画作。

▶ 活动规则

★ 给每个孩子纸和蜡笔。
★ 每个孩子开始画他们想画的任何东西。计时1~2分钟。
★ 计时器响起时,每个孩子把自己的画传给另一个孩子。
★ 每个孩子继续画1~2分钟。他们不能问原作者要画的是什么。
★ 继续计时,让孩子们继续传递画纸作画,直到画作完成(确保每个孩子给每幅画都添加了内容)。
★ 将每幅画归还给原作者。

▶ 反思与展望

★ 你的画和你设想的一致吗?
★ 别人在你的画中添加了哪些你喜欢的内容?
★ 你认为成员们之间的合作是怎样让画作变得独一无二的?

您的孩子也可以独自进行这项活动。拿出一张纸，画一个形状、弯曲的线，或其他什么东西，然后让孩子把它变成自己的杰作。

运输动物

在本活动中，孩子们要搭建一个运输装置，把毛绒玩具从房间的一头运到另一头。他们必须在搭建好后进行测试和修改，检测哪个方案具有可行性。本活动有助于孩子从错误中学习，锻炼思维的灵活性。

年龄范围：	5岁以上
技　　能：	解决问题、灵活思考
所需材料：	手工材料（例如纸吸管、纱线、胶带、雪糕棒、回形针、便利贴等）、毛绒玩具
参与人数：	1人以上
地　　点：	室内或室外

⚑ 活动之前

★ 让玩家分享有关如何完成任务的想法。

⚑ 活动规则

★ 给玩家活动所需的手工用品和毛绒玩具。
★ 玩家需要使用提供的材料制作运输装置，把毛绒玩具从房间的一头运到另一头。玩家不能在运输过程中触碰毛绒玩具，只能触碰用于运输玩具的装置。
★ 给玩家一些时间搭建和测试他们的设计。玩家可以根据测试结果修改设计。
★ 玩家准备好之后，就可以运送毛绒玩具了。

⚑ 反思与展望

★ 在测试装置的过程中，如果毛绒玩具掉落，你有什么感觉？
★ 你怎样处理挫败感的？
★ 你尝试过哪些策略但没有奏效？
★ 你尝试过哪些有效的策略？当你的策略奏效时，你有什么感觉？
★ 下次你会有什么不同的做法？

翻转毯子

在本游戏中，孩子们需要相互协作，在不脱离脚下物体的情况下，将脚下的毯子、床单或毛巾翻过来。他们需要分享想法，制定策略，总结失败经验，与他人一起来完成任务。

年龄范围：	5岁以上
技　　能：	解决问题、合作、沟通
所需材料：	毯子、床单、毛巾或防水布
参与人数：	4人以上
地　　点：	室内或室外

⚑ 活动之前

★ 让玩家分享有关如何完成任务的想法。

★ 讨论一下，如果玩家在活动中感到沮丧可以怎么做（可以尝试例如深呼吸、互相鼓励，或者尝试新的策略）。

⚑ 活动规则

★ 将毯子（或床单、毛巾、防水布）放在地上，所有的玩家站在上面。

★ 活动的目标是让玩家完全翻转毯子，但是任何人不能从毯子上面下来。

★ 如果玩家从毯子上面下来，游戏需要重新开始。

⚑ 反思与展望

★ 这项活动的难点是什么？

★ 你们怎样展开合作的？

★ 你怎样处理任务中的挫败感？

★ 你们使用了什么策略来帮助自己进行合作？

★ 下次你会有什么不同的做法？

第十章 认真思考！解决问题技能 | 257

电视购物广告

在本游戏中，孩子们需要创作一则销售产品的电视购物广告。他们销售的是一款常见的产品，但是要想出产品的新用途。灵活思考有助于孩子们培养解决问题的能力，以应对将来会遇到的各种情况！

年龄范围：	5岁以上
技　　能：	解决问题、灵活思考、合作
所需材料：	各种家居用品（例如飞盘、拖把、搅拌器）
参与人数：	1人以上
地　　点：	室内、室外或视频聊天

⚑ 活动之前

★ 提醒您的孩子，灵活思考指的是我们要跳出思维定式。本活动是一个展示孩子们令人惊喜的想法和创造力的机会！您可以给孩子举自己的一个例子，向他们展示怎样赋予物品新的用途（例如，您曾经用糖果包装纸把摇摇晃晃的桌子垫平！）。如果您的孩子不熟悉电视购物，您可以在网上找一些视频片段给他们看，让他们知道该怎样销售产品！

⚑ 活动规则

★ 给孩子们一件家居用品，鼓励他们创作一则电视购物广告，把物品卖给您！玩家必须为该物品发明一种完全不同于原有用途的新用途。

★ 给孩子们一些时间，让他们展开讨论，准备广告。

★ 让孩子们为您或全家表演电视购物广告！

⚑ 反思与展望

★ 你喜欢这项活动的哪个地方？

★ 这项活动的困难之处是什么？

★ 你在什么地方卡住了？你是怎么解决的？

★ 灵活思考怎样在其他情况下帮助了你？

★ 请你给出一个关于你很难突破思维定式的例子。

创作故事

在本游戏中，孩子们需要利用形容词卡片和职业卡片，写一个故事或创造短剧。有些形容词和职业的组合可能会让人觉得很滑稽，所以孩子们需要发挥他们的创造力和解决问题的能力来完成这项活动。

年龄范围：	5岁以上
技　　能：	解决问题、灵活思考
所需材料：	便签或纸条、铅笔或记号笔、计时器（可选）
参与人数：	1人以上
地　　点：	室内、室外或视频聊天

⚑ 活动之前

★ 向孩子们展示活动所需的形容词，确保他们知道每个形容词的意思；向孩子们展示活动所需的职业，确保他们知道每个职业的含义。

⚑ 活动规则

★ 在便签或纸条上写下各种各样的形容词和职业，建议如下：

形容词		职业	
愚蠢的	坏脾气的	棒球游击手	橄榄球四分卫
困倦的	糊涂的	面点师	数学老师
有趣的	紧张的	程序设计师	插画家
贪婪的	体贴的	YouTube网红	驯狗师
幸运的	强壮的	儿科医生	校长
快乐的	聪明的	视频博主	赛车手
饥饿的	头晕的	作家	电影导演

★ 随机抽一张形容词卡和一张职业卡。

- ★ 玩家根据自己抽到的职业卡片和形容词卡片，编一个故事或短剧。
- ★ 您可以通过计时来增加难度。
- ★ 计时结束时，玩家将讲述他们创作的故事或表演短剧。

⚑ 反思与展望

- ★ 你对自己创作的故事或短剧的结局满意吗？
- ★ 你怎样将抽到的形容词与职业联系起来？
- ★ 有多名玩家参与游戏时，你们怎样展开合作？
- ★ 你们是怎样分享自己的想法的？你的想法被其他玩家接受了吗？

合作建造气球塔

在本项基于STEM的解决问题活动中，孩子们要使用提供的材料建造一座气球塔。为了培养孩子解决问题的技能，您需要鼓励孩子尝试多种策略，注意自己在犯错后做出了哪些小改变，以及跳出思维定式灵活思考。

年龄范围：	5岁以上
技　　能：	解决问题、合作、沟通
所需材料：	10只充气气球、油画胶带、计时器（可选）
参与人数：	2～3人
地　　点：	室内或室外

⚑ 活动之前

★ 讨论玩家怎样合作完成这项任务。

★ 讨论怎样分享自己的观点，提供反馈，并礼貌地提出不同意见。例如，避免以下说法：
  - 我有一个主意！我们就这么做吧。
  - 那样根本行不通！我有一个更好的主意！

★ 尝试以下说法：
  - 我想到办法了！让我们试试这样做……
  - 嗯，我不确定这样做是否有效，因为我们刚才已经试过了。
  - 也许我们可以这么做……
  - 好吧，这说得通。让我们试试吧！

⚑ 活动规则

★ 给玩家提供活动材料，他们只能使用这些材料搭建一座气球塔。玩家需要把气球堆叠在一起，模拟一座摩天大楼。他们可以决定气球塔的外形，比如，他们是想要一座又高又细的塔，还是一座由两只或三只气球组成的宽形塔。这由他们来决定！

★ 您可以选择通过限定时间来增加难度。

🚩 反思与展望

★ 你尝试过哪些没有奏效的策略？当事情不顺利的时候，你是怎么处理的？
★ 失败之后继续尝试的感觉怎么样？
★ 为什么你认为坚持或不放弃十分重要？
★ 你们怎样合作完成这项任务的？
★ 你使用了哪些词语或反馈来进行清晰友好的沟通？

寻找领导者

注重细节是本项活动的精髓所在。孩子们需要关注他人的身体动作，找出谁是团队中的领导者，带领大家做出一系列小动作。练习关注细节，提升专注力，将有助于孩子们提高解决问题的技能。

年龄范围：	5岁以上
技　　能：	解决问题、关注细节
所需材料：	无
参与人数：	4人以上
地　　点：	室内或室外

⚑ 活动之前

★ 鉴于本游戏有点儿棘手，您需要带领孩子们深入学习游戏规则！

★ 向玩家示范一些可在游戏中使用的小动作。

★ 讨论玩家怎样秘密地观察领导者，避免让猜测者看出自己在看谁。

⚑ 活动规则

★ 一名玩家（猜测者）离开房间。剩下的玩家选择一名领导者，或者由家长指派领导者。玩家散开，围成一个圈。

★ 猜测者回到房间后，领导者会开始做一些小动作，其他玩家则进行模仿。玩家不要发出任何声音，要尽量秘密观察领导者，不被人发现。小动作的示例如下：
  - 挠膝盖
  - 用手指轻敲臀部
  - 用脚趾轻敲地板

★ 猜测者发现领导者之后，大声说出自己的猜测。

★ 领导者可以成为下一轮的猜测者。继续游戏，直到每个孩子都有机会成为领导者和猜测者。

🚩 反思与展望

★ 你使用了什么策略秘密地观察领导者？
★ 当你担任猜测者时，你使用了什么策略猜出谁是领导者？
★ 你认为在家以外的什么情况下或什么地点可以使用这一技能？

第十章 认真思考！解决问题技能 | **265**

故事转换

这是一项讲故事的活动。孩子们需要讲一个故事，当家长大喊"转换！"时，孩子们必须改变一个关键的故事细节。孩子们需要使用灵活思考的技能来切换故事情节，还要使用积极倾听技能，以便从故事中断的地方继续讲下去。

年龄范围：	6岁以上
技　　能：	灵活思考、积极倾听
所需材料：	无
参与人数：	1人以上
地　　点：	室内、室外或视频聊天

⚑ 活动之前

★ 与孩子们讨论怎样成为一名积极倾听者。例如，他们需要排除杂念，看着他人的脸，倾听他们讲话，思考他们说的话。提醒孩子们集中注意力，以备在需要的时候切入并改变故事的细节。

⚑ 活动规则

★ 玩家围坐成一圈，一名玩家开始讲述一个故事。
★ 家长可以在任何时候喊"转换！"。当家长喊"转换！"时，下一名玩家就要继续讲故事，但是他必须改变上一名玩家刚才说的话。例如：
  · 玩家1：从前，有条龙非常饿。
  · 家长：转换！
  · 玩家2：这条龙刚刚吃了一顿大餐，所以他一点儿也不饿。他在去朋友家打棒球的路上。
  · 家长：转换！
  · 玩家3：这条龙在去医生办公室做检查的路上。
★ 如果只有一名玩家参与游戏，那也没关系，他可以改变自己的故事。
★ 继续游戏，直到故事讲完！

🚩 反思与展望

★ 改变故事情节是一件很难的事吗?

★ 你使用了什么办法来帮助自己集中注意力,以便给故事添加情节?

第十一章

你也很重要！尊重技能

什么是尊重？

尊重是一种重视他人、关爱他人的行为，也是一种自己的技能、品质、能力或努力受到他人欣赏的感觉。可见，尊重既是一种感觉，也是一种行动。尊重既可以被感受到，也可以通过行为表现出来。

尊重看起来和听起来是什么样的？

尊重的外在表现包括向他人表示其重要性。可以通过口头语言或行动表达。尊重他人的示例如下：

- ★ 让他人知道您重视或欣赏他们的努力、技能或成绩
- ★ 确保每个人感到安全和受欢迎
- ★ 无论他人有什么不同，都能接受他们
- ★ 倾听他人说话
- ★ 尊重他人的界限

用儿童理解的语言解释尊重的含义

您可以这样向孩子解释尊重的含义：

世界上有非常多的人，每个人独特而不同，但也有很多共同点。每个人都有自己的优点和独特的品质。尊重指的是我们用自己的行为和语言让他人明白，他们的想法、经验和品质对我们来说很重要。为了做到这一点，我们可以积极倾听他人说话，容纳他人，确保他

人在我们身边感到安全和受欢迎。

尊重技能为什么重要？

简单来讲，尊重可以带来信任、安全感和归属感。当我们感觉受到尊重时，我们会认为做自己、分享自己的想法是一件安全的事情。反之，当我们尊重他人时，他人也会信任我们，愿意与我们分享他们的想法和经验。在相互尊重的环境中，人们会认为承担风险、分享想法、尝试新鲜事物和发挥创造力是安全的。在这种氛围里，人们自如地做自己，对自己的身份感到自豪，这有助于创造一个思想和创造力自由流动的环境。

儿童使用尊重技能的时机和地点

家庭是孩子们最早使用尊重技能的环境，他们学着对私人物品和兄弟姐妹的界限显示出尊重。随着年龄的增长，孩子们可以在社区表达尊重，比如在杂货店举止礼貌，或者主动捡拾野餐的垃圾。当孩子们走出小范围的交际圈，与更多孩子一起参加活动时，他们将有机会了解同龄人的经历、背景和信仰，继而学会对此表示尊重。当孩子们进入校园后，他们将面对无处不在的表达尊重的机会，例如尊重学校财物、老师和同学！

本章预览

在本章中，您将发现一些锻炼孩子尊重技能的游戏，这些游戏鼓励孩子感知他人的空间界限，在不同情况下采取适当行为。您还将带领孩子采取有创意的方式，以及进行一系列活动，来练习如何表达对他人的尊重，在尊重中进行沟通。

红灯，绿灯

尊重他人的个人空间是表示尊重的好方法。在这一游戏中，孩子们可以获得他人的个人空间偏好的可视化表达。

年龄范围：	3岁以上
技　　能：	尊重、自我控制、积极倾听
所需材料：	无
参与人数：	3人以上
地　　点：	室外

⚑ 活动之前

★ 谈一谈个人空间的含义。个人空间是指在这一空间内，我们觉得自己的身体是安全的，并且不希望别人进入这一空间。当他人进入我们的个人空间时，我们可能会感到不舒服或不安全。

⚑ 活动规则

★ 一名玩家扮演交通指挥员，其他玩家当司机。司机要站在距离交通指挥员20～30英尺的地方。

★ 当交通指挥员说"绿灯！"时，司机们向交通指挥员靠近。

★ 当交通指挥员说"黄灯！"时，司机们需要减速。

★ 当距离交通指挥员最近的司机越来越接近交通指挥员的个人空间（不希望他人进入的区域）界限时，交通指挥员要说"红灯！"，所有的司机停止移动。

★ 停车后，家长鼓励所有玩家注意交通指挥员的个人空间界限在哪里。

★ 更换交通指挥员，继续游戏，直到每个人有机会扮演交通指挥员。

⚑ 反思与展望

★ 在活动过程中，你注意到了什么？

★ 每个人的个人空间界限都一样吗？

★ 为什么关注他人的个人空间界限在哪里十分重要？

★ 我们怎样尊重他人的个人空间？

　　个人空间就是这么"个人"！并非所有人对于个人空间界限拥有同样的舒适度，文化也会影响一个人的个人空间偏好。本项活动将帮助孩子们开始理解这一点，您还可以在社区以外的环境里进行拓展练习。例如，在排队时，如果有人向前迈出一步，扩大与他人的间隔，您可以大声（或小声地）提示孩子："我注意到这个人向前迈了一步，看来他想要更多的个人空间。"如果您需要关于个人空间的儿童读物，请参见朱莉娅·库克（Julia Cook）的《个人空间营地》（*Personal Space Camp*）。

第十一章 你也很重要！尊重技能 | **271**

家庭拼图

本项活动需要每位家庭成员绘制一幅代表自我、展现个人兴趣和爱好的图。把家庭成员们的图拼在一起，将组成一幅融合了整个家庭独特品质和特征的图。为了增进彼此尊重，大家可以谈一谈家庭成员们怎样在各自兴趣和性格不同的情况下，依然完美地契合在一起。

年龄范围：	3岁以上
技　　能：	尊重
所需材料：	纸张或者硬纸板，以及美术用品
参 与 人：	全家人
地　　点：	室内

⚑ 活动之前

★ 帮助年幼的孩子确定他们可以画出的代表个人兴趣的符号（比如足球、芭蕾舞鞋或爪印）或代表品质的符号（比如一双手代表愿意伸出援助之手，一颗心代表拥有仁慈的心）。

⚑ 活动规则

★ 将一张纸（您可以根据期望的拼图尺寸选择大型硬纸板）裁剪成多张小尺寸纸张，分发给每位家庭成员，每人一张。

★ 每位家庭成员在纸张上绘制代表自我的图案，他们可以绘制代表个人兴趣和技能的符号，也可以用喜欢的设计进行简单的装饰。

★ 所有人完成之后，把图拼在一起。如果以纸为材料，您可以把图粘在一张尺寸略大的纸上。如果以硬纸板为材料，您可以从反面用胶带把图粘起来，或者把图粘在更大的硬纸板上。

★ 让每位家庭成员分享他们为何这样绘制自己的图。

⚑ 反思与展望

★ 当你看着我们的家庭拼图时，你注意到了什么？

★ 有没有完全一样的图？
★ 这些图之间有共同之处吗？
★ 这些细小的差别怎样让我们的家庭变得特别？
★ 面对个体差异，我们应该怎样表达对彼此的尊重呢？

尊重宾果游戏

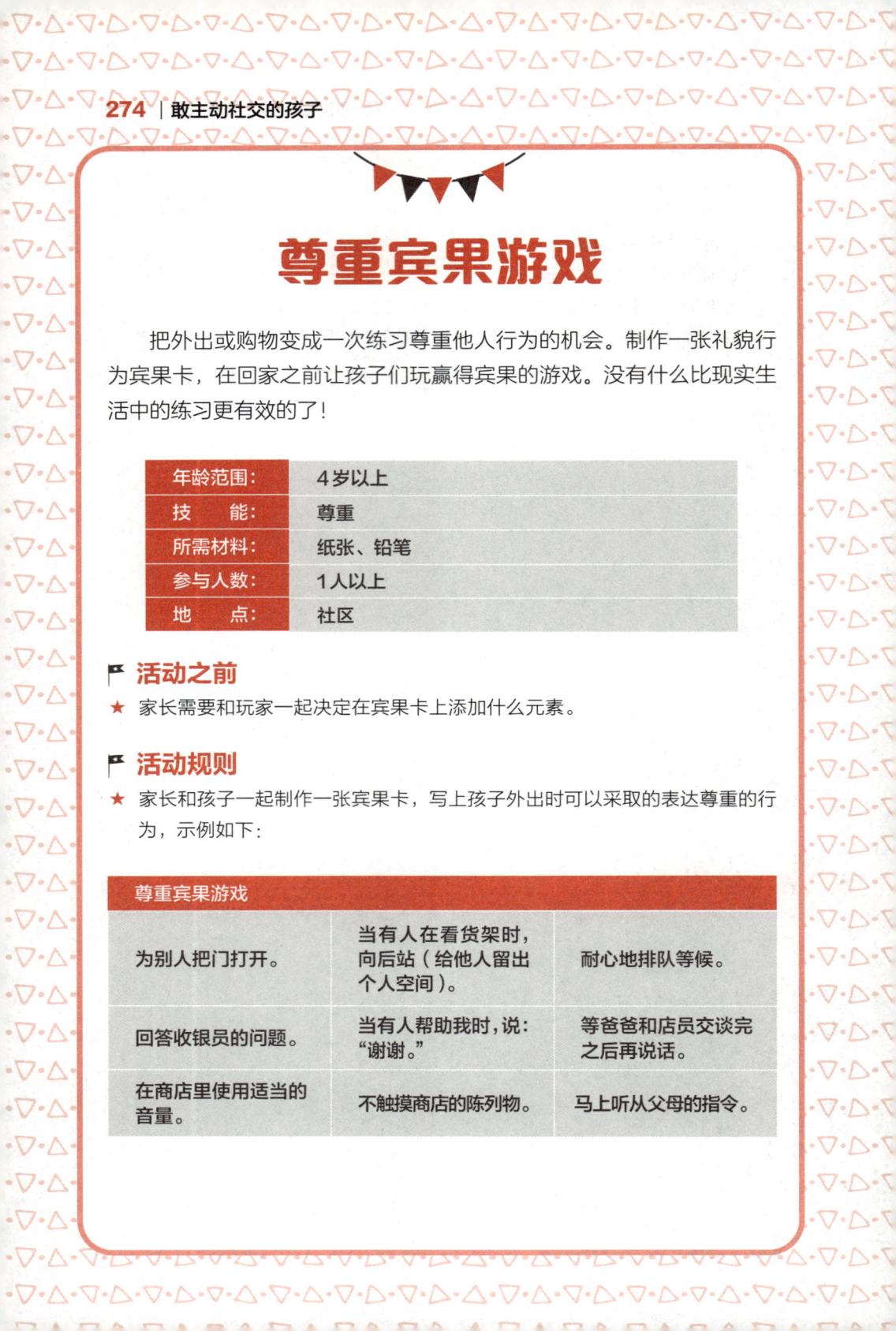

把外出或购物变成一次练习尊重他人行为的机会。制作一张礼貌行为宾果卡，在回家之前让孩子们玩赢得宾果的游戏。没有什么比现实生活中的练习更有效的了！

年龄范围：	4岁以上
技　　能：	尊重
所需材料：	纸张、铅笔
参与人数：	1人以上
地　　点：	社区

⚑ 活动之前
★ 家长需要和玩家一起决定在宾果卡上添加什么元素。

⚑ 活动规则
★ 家长和孩子一起制作一张宾果卡，写上孩子外出时可以采取的表达尊重的行为，示例如下：

尊重宾果游戏		
为别人把门打开。	当有人在看货架时，向后站（给他人留出个人空间）。	耐心地排队等候。
回答收银员的问题。	当有人帮助我时，说："谢谢。"	等爸爸和店员交谈完之后再说话。
在商店里使用适当的音量。	不触摸商店的陈列物。	马上听从父母的指令。

- ★ 当您外出办事或购物时，让孩子完成卡片上的"尊重行为"，看能否将完成的项目横着、竖着或斜着连成一条线。
- ★ 每当孩子完成一项任务时，就在他们的宾果卡上做标记。
- ★ 如果孩子赢得了宾果游戏，您需要与孩子庆祝一下！可以给他们一些无形的奖励，比如在家里办场舞会，在车上播放他们最喜欢的音乐歌单，或者玩他们最喜欢的棋盘游戏。

🚩 **反思与展望**
- ★ 哪一种尊重行为容易做到？
- ★ 哪一种尊重行为很难做到？
- ★ 下次我们外出的时候，你还能做些什么表达尊重的事情？
- ★ 尊重别人是一种什么感觉？
- ★ 当你对他人表示尊重时，他们是怎样回应你的？

赞美圈

向他人表达我们的喜欢和欣赏，是一个很好的表达尊重的方式。在本活动中，孩子们将轮流给予他人真诚的钦佩和赞美。

年龄范围：	4岁以上
技　　能：	尊重、沟通、参与
所需材料：	无
参与人数：	3人以上
地　　点：	室内、室外或视频聊天

⚑ 活动之前

★ 与孩子们谈论赞美的含义，以及怎样真诚地表达赞美。赞美是指向他人表达一种肯定，让他们知道我们欣赏他们的行为或努力。真诚的赞美是真实的，通常与他人的外表无关。

★ 以下是一些示例：
- 我喜欢你在画那只猫时添加的细节。
- 我喜欢你总是和我一起玩游戏。
- 我喜欢你在学习侧手翻时不放弃的样子。

⚑ 活动规则

★ 参与者围坐成一圈。
★ 一个孩子真诚地赞美圆圈中的另一个孩子。
★ 得到赞美的人再真诚地赞美其他人。
★ 持续进行几轮游戏，直到每个孩子至少得到过两次真诚的赞美。

⚑ 反思与展望

★ 得到赞美是一种什么感觉？
★ 赞美别人是一种什么感觉？
★ 为什么你认为关注他人的擅长之处十分重要？

寻找屏幕上的尊重

学习的机会无处不在，即使在屏幕前也可以学习！当孩子看电视或看电影时，您可以向他们发起挑战，鼓励他们去寻找尊重的例子。要求他们思考和关注尊重行为，将鼓励他们反思和改进自己的行为。

年龄范围：	4岁以上
技　　能：	尊重
所需材料：	纸和铅笔（可选）
参与人数：	1人以上
地　　点：	室内

⚑ 活动之前

★ 和孩子谈一谈电视节目或电影里是如何表达尊重的，它可能表现为一个角色等待另一个角色讲完话后才开始说话，也可能表现为一个角色向另一个角色询问他们的文化传统或节日，还可能表现为一些简单的事情，比如一个角色为另一个角色开门。

⚑ 活动规则

★ 当您和孩子一起看电视节目或电影时，鼓励他们寻找尊重的例子。您可以根据个人意愿要求年龄大一点儿的孩子把他们的发现写在纸上。

★ 您可以中途暂停节目或电影，与孩子们实时讨论有关尊重的例子，还可以在节目或电影结尾时，针对孩子们的发现展开讨论。

⚑ 反思与展望

★ 你注意到哪些尊重行为？
★ 这些行为中有哪些是你以前采取过的？
★ 你将来会采取这其中的哪些尊重行为？
★ 有人表示尊重时，其他角色做何反应？
★ 你认为这些角色受到尊重时是一种什么感觉？

您在寻找一些含有尊重相关剧情的好电影吗？不妨试试以下几部电影：

·《海底总动员》：这部电影适合用来讨论个体差异！尼莫有一对很小的鳍，其他动物会针对它的鳍问一些问题，然后表示接受。

·《疯狂动物城》：朱迪·霍普斯想要找到一些新的工作方式，为她的团队做出贡献，哪怕还没有一只兔子这样做过。她尊重集体，维护法律。您可以利用这一电影情节与孩子们讨论如何尊重个人对集体的贡献，以及怎样尊重集体和规则（面对年龄大一点儿的孩子，您可以与他们谈一谈，规则或法律有时与个人利益相悖）。

·《小猪宝贝》：猪宝贝学会了向他们的农场动物同伴表示尊重，以此赢得他人的尊重。您可以与孩子们讨论怎样尊重他人，从而获得他们对自己的尊重。

尊重侦探

强制性任务有时可能令孩子们感到疲倦。您可以利用外出的机会，通过尊重侦探的游戏让孩子们保持参与的劲头和动力。在活动中，孩子们将寻找社区里的尊重现象和线索。本活动鼓励孩子们思考怎样尊重社区，以及怎样成为更好的社区成员。

年龄范围：	4岁以上
技　　能：	尊重
所需材料：	纸和铅笔（可选）
参与人数：	1人以上
地　　点：	社区

▶ 活动之前

★ 与孩子们谈一谈可能需要关注的现象。不尊重社区的现象很容易识别，例如乱扔垃圾、乱涂乱画，或者乱放购物车。尊重社区的现象可能稍难发现，可能包括人们扔垃圾或者捡东西，有人在人行道上行走而不是穿过植物，或是人们返还他们的购物车，而不是把车留在停车场里。

▶ 活动规则

★ 带着孩子在社区里开车或散步。

★ 您和孩子一起在社区里寻找尊重或不尊重社区的现象。谈一谈你们注意到的事情！

★ 回家之后，您需要和孩子谈一谈在社区表达尊重的方式，或者在适当的时候，解决孩子们发现的一些不尊重社区的现象（例如，在公园里进行一次"捡垃圾日"活动）。

▶ 反思与展望

★ 你注意到哪些与尊重有关的现象？你以前做过这些事情吗？你能做到吗？

★ 这些现象是否启发了你通过其他方式表达对社区的尊重？

★ 针对你在社区中发现的不尊重现象，你认为自己能够采取哪些行动解决这类问题？

黄金法则

你希望别人怎样对待你，你就应该怎样对待别人。黄金法则是尊重他人的重要指导原则，了解黄金法则对于自我的意义同样十分重要。本游戏鼓励孩子们花一些时间进行创意写作来反思自我，从而确切地了解自己希望被如何对待，以及用同样的方式对待他人会怎样。

年龄范围：	5岁以上
技　　能：	尊重、共情
所需材料：	纸张、铅笔、涂色工具（可选）
参与人数：	1人以上
地　　点：	室内

🚩 活动之前

★ 和您的孩子谈谈他们希望别人怎样对待自己，并将谈话内容列成一份清单。您可以使用以下问题来引导讨论：
 - 你希望别人怎样和你说话？
 - 当别人发现你难过时，你希望他们怎么做？
 - 在操场上，你希望别人怎样对待你？

🚩 活动规则

★ 写下孩子希望他人如何对待自己。
★ 然后，让孩子创作一个自己使用该方式对待他人的故事，鼓励他们在故事中发挥创意，添加更多的细节。
★ 如果孩子愿意，他们也可以画出这个故事。

🚩 反思与展望

★ 用期待别人对待自己的方式对待他人，这对你来说是一件容易的事情吗？
★ 你认为怎样让自己记得使用这一方式对待他人？

赞美诗

真诚地赞美他人，发现他人的优点，这些是向他人表达关心和尊重（尊重他人及其成就）的好方法！在本活动中，孩子们将花时间写一首关于他人的诗，创造性地表达对他人的尊重。

年龄范围：	5岁以上
技　　能：	尊重、参与
所需材料：	纸张，几支铅笔
参与人数：	2人以上
地　　点：	室内

⚑ 活动之前

★ 与孩子谈一谈什么是真诚的赞美：真诚的赞美指的是我们表达对他人的真实想法，发现、肯定并分享他人的优点。这些赞美通常与他人的外表无关。

⚑ 活动规则

★ 每个孩子写一首有关他人的诗。

★ 给孩子一些时间思考别人的优点、技能或成绩：他们擅长什么？他们努力做了什么？

★ 然后，让孩子们写一首赞美他人优点、技能或成绩的诗，示例如下：

范例1：押韵诗	范例2：藏头[1]诗
Max always has a smile Painted across his face. He makes everyone feel welcome Like they're in the right place! （麦克斯总是面带微笑。他让每个人都有宾至如归的感受！）	M-makes everyone feel special（让每个人都感到自己是特别的） R-really good at math（很擅长数学） S-smiles at everyone in the morning（早晨对每个人微笑） J-joyful all the time（一直都很开心） O-one great teacher（是一位很棒的老师） N-never laughs at mistakes（从不嘲笑别人的过失） E-easy to talk to（很健谈） S-silly joke teller（喜欢讲有趣笑话）

⚑ 反思与展望

★ 当你的赞美对象阅读或者听到你的诗歌时，你认为他会有什么感受？

★ 为什么发现别人的优点十分重要？

---

1. 每句的首字连起来即作者要表达的意思的诗被称为"藏头诗"。由于原书作者使用的语言是英文，所以这里提供的示例分别是英文押韵诗和藏头诗。——编注

通话礼仪

固定电话可能已经过时了,但是电话或视频会议的礼仪依然流行。在本活动中,孩子们将练习礼貌地打电话或进行视频通话。

年龄范围:	5岁以上
技　　能:	尊重、沟通
所需材料:	玩具手机、真正的手机或视频聊天设备
参与人数:	1人以上
地　　点:	室内或视频聊天

⚑ 活动之前

★ 复习下列教学要点,并讨论使用什么样的音量合适。
★ 练习打电话。例如,使用问候语并表明自己的身份。
　· 范例:你好,我是吉纳维芙·帕克。
　· 范例:早上好!我是詹姆斯。
★ 告诉对方你打电话的原因或你想找的人。
　· 范例:请问我可以和奶奶说话吗?
　· 范例:我打电话是想邀请你周五一起吃晚饭。
★ 享受你们的谈话吧!告诉对方你打电话想告诉他们什么,或者提出一些问题,听听他们的回答。
　· 范例:你今天过得怎么样?
　· 范例:我想告诉你,我在科学展览上得了第二名!
★ 在结束电话时要注意礼仪,让对方知道你很享受和他们通话。
　· 范例:奶奶,今天能和你聊天真是太好了。
　· 范例:史密斯先生,很高兴能和你聊天。
★ 让对方知道你需要离开。
　· 范例:我需要去完成我的家庭作业了。
　· 范例:我该去摆餐具了。
★ 用一句结束语来结束对话。

- 范例：再见了！
- 范例：周五见。再见！

★ 现在开始练习接电话。首先，打个招呼，表明你的身份。
- 范例：你好，我是马库斯。
- 范例：早上好，我是雅各布老师班上的凯里。

★ 收集信息。听对方的名字或他们的要求。记住或写下对方的名字、需求或者打电话的原因。

★ 提供信息。让他们知道你接电话的原因或者发生了什么。
- 范例：我妈妈现在正在开车，我会转告她，请她在我们到家之后给你回电话。
- 范例：雅各布夫人正在给阅读小组上课。您需要我给她留个口信还是请她来接电话？

★ 传递信息或结束通话。
- 范例：请稍等。妈妈，奶奶想告诉你，她和医生预约的时间是三点钟。好了，奶奶，我已经告诉妈妈了，她会给您打电话的。再见！
- 范例：请稍等，我让雅各布夫人来接电话。

★ 练习视频通话的礼仪：
- 安静地坐在屏幕前。
- 如果你在使用手机或平板电脑，请将设备放在稳定的平面上，不要在通话过程中手持或移动设备。
- 你要在说话时和对方进行眼神沟通。
- 把注意力集中在通话上。把玩具或其他设备放远一些。

⚑ 活动规则

★ 首先，练习打电话，然后在谈话结束时挂断电话。您应该要求孩子首先使用电话模型进行模拟练习，然后让孩子真的打电话给家庭成员或朋友进行练习。

★ 接下来，练习接听电话。年龄大一点儿的孩子可能会被要求替正在忙碌或开车的父母接电话；在学校时老师可能会将接听电话作为一项课堂作业，因此孩子要尽早练习这项必备技能。同样地，您应该要求孩子首先使用电话模型进行模拟练习，然后在现实生活中进行练习。

★ 最后，练习视频通话。您需要和孩子面对面坐着，假装你们在视频通话，或者使用两台设备在不同的房间进行通话练习。

★ 请参阅"活动之前"部分，了解怎样具体教授通话技能。

⚑ 反思与展望

★ 你打电话的时候是什么感觉?
★ 你接电话的时候是什么感觉?
★ 为什么在我们打电话的时候，表现出尊重十分重要?
★ 为什么在视频通话前收好玩具十分重要?

界内或界外

在任何情况下，理解和尊重个人界限都是一项重要的社交技能。在本活动中，孩子们将思考某些行为或举动，并决定是否接受它们（确定自己的个人界限），同时思考什么是社交界限。了解自己的界限有助于孩子们学会尊重他人的界限。

年龄范围：	5岁以上
技　　能：	尊重、自我控制
所需材料：	呼啦圈
参与人数：	2人以上
地　　点：	室内或室外

🚩 活动之前

★ 与孩子们谈一谈什么是界限。界限如同篱笆或边界。如果我们对某件事感觉不舒服，我们会设定一个界限，让他人知道我们对此感觉不好。同样地，他人也会设置界限，让我们知道他们对什么感觉不舒服。设置界限就像筑造篱笆，是在告诉他人不要越界。如果有人给我们划定了界限，比如告诉我们他们不想拥抱，我们就不可以越过这个界限，以示尊重。遇到这种情况，我们可以询问他们，可不可以用击掌代替拥抱。

★ 思考界限问题时，我们要记住每个人都掌管着自己的身体，这一点非常重要。此外，界限可以发生改变，我们要尊重这种改变。例如，某人上次见面的时候接受拥抱，但这次可能不接受了，这是正常现象。

🚩 活动规则

★ 给每名玩家一个呼啦圈。

★ 阅读下面的说明（或者自行创建列表）。如果玩家能够接受他人对他们或在他们附近做某个动作，就跳进呼啦圈。如果不喜欢，就跳出呼啦圈。本活动还可以针对社交界限来进行。如果他们认为他人可以在社交场合做出某种行为，就跳进呼啦圈，如果认为不可以，就跳出呼啦圈。

个人界限	社交界限
一位朋友拥抱我	在杂货店里奔跑
一位家人拥抱我	在餐厅在着色簿上涂色
一位陌生人拥抱我	在地铁或公交车上戴耳机听音乐
一位家人近距离与我讲话	在地铁或公交车上不戴耳机听音乐
一位朋友近距离与我讲话	在餐厅里打电话
一位陌生人近距离与我讲话	在严肃的场合用平板电脑看电影
某人想和我玩游戏	在杂货店里和在你后面排队的人聊天
某人看着我玩游戏	在杂货店里触碰在你后面排队的人的购物车里的物品
某人不经我同意就和我一起玩游戏	当你的球队输掉比赛后，和对方球队击掌或握手
兄弟姐妹没敲门就进我的房间	当你的球队输掉比赛后，不理睬对手
一位家人给我挠痒痒	在兄弟姐妹的足球比赛中发出嘘声
一位朋友给我挠痒痒	在兄弟姐妹的足球比赛中看书
一位家人触碰了对我来说很特别的东西	不经询问就触碰别人盘子里的食物
一位朋友触碰了对我来说很特别的东西	询问家人可不可以品尝他们的食物
一位陌生人触碰了对我来说很特别的东西	进入他人的房子或房间之前敲门
一位家人在和我说话的时候抚摸我	不敲门就进朋友家
一位朋友在和我说话的时候抚摸我	不经询问就穿兄弟姐妹的衣服

🚩 反思与展望

- ★ 你不接受表中的哪些举动？
- ★ 和多个孩子一起玩这个游戏时，你们的界限感一样吗？在哪几项中你们的界限感不同？
- ★ 为什么尊重别人的界限十分重要？
- ★ 为什么将自己的界限告诉他人十分重要？
- ★ 为什么在社区的餐馆、商店和地铁等地方，考虑界限问题十分重要？
- ★ 当他人设定界限时，我们应当怎样表达尊重？
- ★ 我们怎样通过尊重界限来尊重社区的成员？

尊重食谱

在这个诙谐而充满创意的活动中，孩子们将思考怎样向他人和社区表示尊重，即尊重的"配料"是什么。他们要创造自己的"尊重食谱"，提醒自己注意自己的行为。

年龄范围：	5岁以上
技　能：	尊重
所需材料：	纸张、铅笔、涂色工具（可选）
参与人数：	1人以上
地　点：	室内

⚑ 活动之前

★ 和孩子一起阅读一本烹饪书，看看怎样写食谱。

★ 将孩子认为表达尊重所需要的事项列出来。与孩子们进行头脑风暴，讨论怎样用符号表示食谱中每一事项的分量，以便孩子在绘画中使用这些符号。

⚑ 活动规则

★ 和孩子讨论怎样表达尊重。是倾听？是关心？还是友善？哪种行为最为重要？

★ 让孩子创造自己的"尊重食谱"。他们可以写下配料表，画一幅代表尊重的画。配料表示例如下：
- 少许倾听
- 一撮理解
- 一点儿关心
- 大量友善

⚑ 反思与展望

★ 你在食谱中写了哪些作配料？为什么你选择这些作配料？

★ 你认为哪些配料最为重要？

★ 在现实生活中，你较难使用哪一种配料？我能够怎样帮助你呢？

第三部分

实践应用

　　在本书的第二部分，我们通过有趣的互动活动和游戏发展孩子的重要社交技能。除了游戏，孩子们还有其他取得进步的方式。在第三部分，我们将讨论一些有意义的实用方法，看看如何将社交技能的培养融入日常生活和对话，鼓励孩子更好地了解自我以及周围的世界。

　　在家庭环境中培养孩子的社交技能时，父母需要投入大量的时间，进行持续的练习，来使孩子们发生积极的改变。持续不断的练习将带给孩子们最好的成长和学习效果，花费时间开展"漫长的游戏"会带来相应的回报。原因在于，孩子们喜欢在安全的家庭环境中实践技能，这种训练令他们感到舒适。

第十二章

将技能融入日常生活

社交技能的日常实践方法

观察、思考和行动是发展社交技能的基石。年幼的孩子容易冲动，会跳过观察和思考，直接采取行动。随着年龄的增长，孩子们学着观察周围的世界，并且能够在观察的基础上接收信息，然后停下来思考和理解信息，以便做出明智的决定，做出恰当的行动。在这个过程中，孩子们会尝试各种技能和行动，接受他人的反馈，并且了解到外界如何接受自己的行为。这是一个耗费时间的过程，也难免会出现错误。因此，找到日常的训练方法来强化社交技能，将有助于孩子们更快、更全面地掌握它们。

● **沟通技能**

在我们的日常生活中存在许多语言和非语言沟通的机会来练习沟通技能。若有意培养这些技能，请尝试以下策略：

★ 抽出时间进行有意义的谈话：忙碌是生活的本质！在繁忙的生活中，我们有时会忽略进行有意图的对话。建议您每天留出一些时间，和孩子们进行有针对性的谈话。一起坐在你们最喜欢的地方，不要带电子设备，也不要分心，交谈5～10分钟。您可以向孩子提出以下问题：

- 今天有什么你感到很骄傲的事吗？
- 今天有什么让你困惑的事吗？
- 今天有什么让你发笑的事吗？
- 你有什么问题要问我？

★ 进行有效沟通的示范：成年人并不完美，这没关系。但是，我们要努力为孩子示范有效的沟通，为孩子们树立良好的榜样。您需要注意以下沟通策略：
  · 清晰地分享您的感受。比如，用"我"来引导一系列句子："当我找不到车钥匙的时候，我感到很沮丧。我需要几分钟的时间集中精力寻找它。"或者"我们这个周末要去野营，所以我十分兴奋！能抽出时间远离我们繁忙的生活真是太好了。"
  · 注意音调和音量。
  · 关注自己的肢体语言和非语言沟通。它们和您说的话相符吗？当孩子们学习使用非语言沟通技能时，他们会从我们身上得到提示。
★ 提供温和的指导：当您的孩子不能有效地沟通或使用不合适的音量或音调时，要俯下身来，和他们平视，进行眼神沟通，并提供温和的指导，比如："嘿，小伙子，我们在室内，但你的声音真的很大，就像你在棒球比赛中大声说话一样。我们试着让说话声音小一点儿吧！"
★ 将学习应用于日常生活：如果您一直在让孩子练习音量，那就在现实生活中练习吧！您可以带孩子去图书馆、公园和杂货店，鼓励孩子思考在不同环境里使用哪种音量比较合适。

● 积极倾听技能

当孩子练习沟通技能时，需要做到积极倾听。当您和孩子们沟通时，您可以在他们说话的时候表现出积极倾听，为他们做出示范。您可以使用以下策略培养孩子的积极倾听技能：

★ 抽出时间进行有意义的谈话：练习积极倾听技能与练习沟通技能相似，也需要我们抽出时间进行不受干扰的谈话，积极倾听别人分享他们的生活、兴趣或担忧。
★ 提供温和的指导：当您注意到孩子不听别人讲话时，您需要温柔地指导他们，比如："我注意到，姐姐与你分享她的一天时，你却背对着她翻书。这怎么能向她表明你在听她说话,怎么表明你关心她呢?"

● **合作技能**

合作并不局限于团队游戏,许多家庭活动也具有合作的特征。有时,独立完成任务比较容易,但是让孩子们合作完成一项任务,将会带来更大的好处。您可以尝试在以下场合进行日常生活中的合作练习:

★ 洗衣:一人分类,一人叠衣服,一人收衣服。
★ 烹饪:在做午餐或晚餐时,为每个人找一个角色。
★ 去杂货店购物:如果有两名看护人一同去购物,孩子们可以与他们分工合作,分成两队分别处理各队的购物清单并购物,将时间节省掉一半。

● **责任技能**

本书收录的责任技能活动大多是关于家庭责任,家庭责任已经成为日常生活的一部分。在此基础上,鼓励孩子们对责任进行有意义的思考,抽出时间围绕这一话题进行有意义的讨论。比如说:

★ 这种责任对我们的家庭有什么贡献?
★ 如果你不承担这个责任,我们的家庭会受到什么影响?
★ 你可以采取这种方式为我们的家庭做出贡献,对此你有什么感想?
★ 对该任务/行为/行动负责是什么感觉?

● **共情技能**

共情是一种依赖于其他社交技能的技能。若想真正具备共情能力,孩子们需要学会有效地沟通,能够使用肢体语言和面部表情,善于积极倾听。孩子们在共情的时候,更易于参与活动,也更尊重别人的感情、财物和界限。请尝试使用以下策略,在日常生活中提升共情技能:

★ 抽出时间，谈谈感受：若想理解情感，孩子们需要掌握一定的情感词汇。他们不仅需要用语言来描述自己的感受，而且需要倾听他人谈论感受，来理解他人的体验。您可以每天留出一些时间，让家人谈一谈自己的感受，解释产生这种感受的原因。这是同时练习沟通、积极倾听和共情技巧的良好机会。

★ 示范共情：当您的孩子情绪强烈时，您可以向孩子示范共情技能。您可以对他们的感受进行反馈，比如说："当他们没和你一起玩时，你很伤心。"您也可以对他们的遭遇进行共情，比如说："当你没有入选球队时，你感到很失望。当我感到失望时，我喜欢拥抱。你想要一个拥抱吗？或者我可以怎样支持你？"持续地在家里示范共情技能，将有助于孩子们了解共情的外在形式，帮助他们在社交环境中进行复制。

★ 提供温和的指导：当孩子们无法对兄弟姐妹或家庭成员进行共情时，您需要温柔地提醒他们与他人共情。例如："当妹妹受伤之后大哭的时候，你翻着白眼从她身边走过。如果有人在你受伤时这样做，你会有什么感觉？你能想出一个方法来表达对妹妹的同情吗？你能说些什么或做些什么，向她表现出你在意她的感受吗？"

★ 把学习运用到日常生活中：当你们在社区里散步时，您可以和孩子谈论看到的事物。比如，当你们在停车场注意到有一个人正艰难地推着购物车时，您可以说："看来她遇到了困难。我可以帮她把购物车推走，来表示我的关心。"或者"那是一个流浪汉。我想知道他过着什么样的生活。"大声讲出自己的观察，不仅可以为孩子示范如何共情，还可以鼓励他们思考自己在社区里的所见所闻。

● **参与技能**

在日常生活中，与他人交往的机会无处不在。孩子们通过游戏探寻共同兴趣，是一种很有趣的参与和交往活动。除此之外，您还可以鼓励孩子们在邻里间、社区、学校和其他场合加强与他人的日常交往。您可以尝试以下策略来鼓励孩子与他人交往：

★ 邀请朋友到家里玩或在当地公园见面。

★ 当您带孩子去公园时，鼓励孩子与陌生人一起玩并了解他们。

★ 当您处理杂事的时候，鼓励孩子与见到的人沟通（控制在自己感到舒服的程度）。他们可以回答收银员的问题，向其他购物者问好，或者观察自己与商店里的人有什么共同点。

★ 报名参加活动或项目。您没有必要过分要求自己或孩子，但可以报名参加孩子喜欢的活动，这样他们就有机会与家庭或典型社交群体之外的同龄人交往。

★ 为您的孩子树立榜样。外出的时候，您可以与商店里的人沟通，回应他人的话，这会让孩子们明白与他人交往的重要性和意义，有助于他们形成一种适宜的社交界限感和安全感。

● **自我控制技能**

自我控制是需要花时间培养的技能之一，但它是孩子需要掌握的一项重要技能，有助于孩子与同龄人有意义地互动和融入集体。学会控制自己的身体和语言，将非常有利于孩子们建立和维持友谊，成为优秀的团队成员。您可以尝试在以下日常活动中锻炼孩子的自我控制能力：

★ 设置等待时间：自我控制的意义在于抑制冲动，保持对身体和语言的控制。当孩子想要某样东西时，尝试设置等待时间。例如："我听说你想看电视。但是今天早上玩的玩具还没收拾好，我们可以计时10分钟。如果在这10分钟里，我们尽力打扫完了卫生，就可以看电视。"等待时间能够帮助孩子们认识到，在获得想要的东西之前，等待和履行责任很重要。

★ 进行自控示范：看护人示范自我控制将帮助孩子理解亲自实践的重要性。您可以大声谈论您是怎样抑制冲动的。例如："我真的很想看我最喜欢的电视节目，但是我还有一些工作要完成。我会先完成工作，然后再看我最喜欢的节目。"倾听看护人解释实施自我控制的理由，有助于孩子们认识到责任和自我控制之间的联系。

★ 提供温和的指导：当孩子无法自我控制，尤其是在公共场所时，您要俯下身来，与他们进行眼神沟通，并提供温和的指导："当我们在商店里的时候，你好像很难控制自己的身体。我注意到你碰了货架上的很多东西，但我们已经谈过，在商店里不应该这样做。我们花点儿时间一起呼吸，让身体平静下来，然后我们可以试着边控制自己，边继续购物。"或者，您可以借此机会与他人建立联系："我注意到你爬到滑梯架的顶端时，插到了滑梯队伍的前面。那些孩子还在等待，你却没有排队，这让他们很沮丧。这是一个练习自我控制的机会！自我控制就是在排队时耐心等待直到轮到自己。你愿意再试一次吗？这样你就可以让朋友们在玩耍的时候感到安全和快乐了。"

★ 把学习运用到日常生活中：当您开始一天的生活时，简单地向孩子指出或谈论他们要如何自我控制。例如："我们今天要去图书馆。记住，我们在图书馆里要控制自己的音量，不能太大声说话，影响别人。"

● 情绪调节技能

在现实生活中，情绪调节技能表现为在情绪来临之时注意、尊重和处理情绪的能力。虽然所有的情绪都是合理的，但有时我们需要采取一些方法，以便更好地感受和处理情绪。您可以使用以下策略，在日常生活中增强孩子对情绪的调节：

★ 给情绪贴上标签：当孩子情绪强烈时，帮助他们给感觉贴上标签，让他们认识到生理和情感经历都有自己的名字。

★ 尊重感受：对孩子的感受做出回应。您可以简单地重述他们的感受，也可以验证他们的感受，比如说："你感到愤怒是因为你觉得事情不公平。"

★ 帮助您的孩子调节情绪：孩子在学习调节情绪时需要大人的指导。让孩子在自己的房间自行调节情绪，只会让孩子认为他们的感受是不可接受的，只能私下处理。当这成为一种常态时，孩子们可能会觉得有必要隐藏自己的感受。我们要和孩子一起练习平复情绪的策略，让孩子们知道，我们接受他们的感受，并且想帮助他们学会管理情绪。随着你们一起练习的次数增多，孩子们会发现适合他们的策略，并且相信当他们情绪强烈时，他们能够独立地运用这些策略。

★ 反思：当一起引发强烈情感反应的事件发生后，在孩子们调节完情绪后，我们要和孩子一起反思发生了什么。是什么触发了这种情绪？我们可以使用什么策略让孩子感觉好些？如果未来遇到类似的问题，他们应该怎样做？

● **解决问题技能**

日常生活中充满了需要解决的问题，对吗？解决问题不必是兴师动众的STEM挑战。问题可以琐碎如把所有的盘子放进洗碗机，或者为了方便找到自己喜欢的书而重新整理书架。您可以使用以下策略，鼓励孩子尝试解决问题：

★ 与孩子讨论并为孩子示范如何解决问题：您可能会说："嗯，我正试着把这些杂物放到汽车后备厢里，但是我不确定怎样把它们放进去。我可能得把这个盒子移到这里，把那个包移到这里。我需要把这些东西叠起来，轻轻地放在这里……嗯，这样可能正好合适。"

★ 提供温和的指导：当您的孩子在家里遇到问题时，不要急于帮助他们！鼓励他们仔细思考问题，尝试新的方法，从所有的错误中吸取教训，想一想怎样用过去的经验解决现有的问题，避免一时冲动而放弃。您可以向孩子提出温和的引导性问题，比如："还记得你解决其他问题的时候吗？想想你能否用以前的方法解决现在的问题？"

★ 把学习运用到日常生活中：当您的孩子解决了一个问题时，不要让解决问题的过程就此停止！鼓励孩子们想想如何把解决这一问题的过程应用到解决其他问题上："你还可以在什么情况下使用这种方法？""既然你已经解决了现有问题，你还能解决什么问题呢？"或者"有关目前的问题或类似的问题，你还想知道什么？"

● **尊重技能**

在家里、邻里间和社区中，我们每天都有机会表达尊重。您也可以和孩子们谈论一些他们不熟悉的表达尊重的方式！

★ 在日常生活中表达尊重的方式：
- 在家里：谈论和练习尊重家庭成员的个人空间、边界、思想和独特的品质。
- 在邻里间：谈论和练习尊重邻居的所有物和噪声接受程度。
- 在社区：谈论和练习尊重社区规则、社区土地和社区资源，如湖泊、公园、野生动物和社区艺术。

★ 分享表达尊重的方法：在一天之中，您可以向孩子指出自己表达尊重的方式，帮助孩子理解表达尊重的各种方式，包括微妙和不那么微妙的方式。例如："我的老板给我打电话了。我要到一个安静的地方和她说话，因为在这里她很难听到我的声音，这是我对她表达尊重的一种简单方式。"或者"我的电话响了。因为我们在图书馆，人们都在读书，所以我不会接电话。等我们走到外面了，我再打回去。对我来说，这是一种尊重图书馆规则和其他人空间的简单方式。"

最终思考

社交技能意义重大，它有助于增强家庭的凝聚力，有助于孩子们发展和维持存在于家庭之外的友谊，有助于他们更好地参与体育或课外俱乐部等团体活动，有助于孩子与同龄人一起做出有意义的学术贡献，还能够在他们的成年期和职业生涯中发挥重要作用。社交技能的培养需要一定的自我认知，需要孩子理解自我以及与他人和周围世界的联系。具备积极的社交技能，与他人构建有意义的联系，能够赋予孩子和成年人归属感和联系感，直接影响他们的身心健康和未来的成就。

社交技能的重要性显而易见。孩子们可以通过各种途径来发展社交技能，其发展的速度和方式因人而异。本书中的活动可以为您发展孩子们的人际关系，帮助他们了解世界和周围的人提供更多方式上的选择。

每个孩子的成长道路都是独一无二的，这正是孩子们的魅力所在！尽情享受与孩子一起成长的时光吧！